3D 프린팅을 위한 구글 스케치업

Korean edition copyright ⓒ 2014 by acorn publishing Co. All rights reserved.

Copyright ⓒ Packt Publishing 2014.
First published in the English language under the title
'3D Printing with SketchUp'

이 책은 Packt Publishing과 에이콘출판㈜가 정식 계약하여 번역한 책이므로
이 책의 일부나 전체 내용을 무단으로 복사, 복제, 전재하는 것은 저작권법에 저촉됩니다.

3D 프린팅을 위한 구글 스케치업
SketchUp으로 모델링하고 3D 프린터로 출력하기

마커스 리틀랜드 지음 | 감영하 옮김

BIRMINGHAM - MUMBAI - SEOUL

지은이 소개

마커스 리틀랜드 Marcus Ritland

데날리 3D 디자인Denali 3D Design이라는 작은 회사를 운영하면서 설계와 3D 프린팅 컨설팅 일을 해왔다. 2008년부터 스케치업을 이용한 건축 렌더링 서비스를 제공해오면서, 스케치업 공식 사이트 SketchUcation 포럼에서 우수 활동가로 선정될 만큼 열심히 공부하고, 다른 사람들에게도 많은 도움을 주었다. 온라인에서 열린 한 3D 프린팅 콘테스트를 통해 3D 프린팅을 접한 후 자신의 사업에 3D 프린팅을 적용한 이후로 3D로 프린트한 제품을 온라인에서 판매하는 한편, 다른 소규모 기업들이 3D 프린팅 기술을 활용하도록 도움을 주었다.

또한 메이커스페이스Makerspace에서 무료로 스케치업 강의를 하면서 관련 모임을 이끌었다. 현재는 3D 프린팅을 위한 설계 방법을 널리 알릴 방법을 연구 중이다. 3D로 무언가를 프린팅하는 시간 이외에는 사진을 찍으며 자연을 즐긴다.

기술 감수자 소개

브래들리 루빈 Bradley Rubin

브래들리 루빈이 3D 프린팅을 시작한 것은 시라큐스 대학에서 건축학 공부를 할 때였다. 스토리텔링과 디자인에 대한 열정으로 영화의 디지털 작업뿐 아니라 프로덕션 디자이너로 현장 작업에도 참여했다. 「디스 이즈 40」, 「인턴십」, 「머펫 대소동」, 「리얼 스틸」, 「헝거 게임」 등의 영화를 작업한 이력이 있다. 그래픽 컨설턴트로서, 또 일러스트레이터 겸 3D 모델러로서 다양한 영화에 참여했다. 보스턴에서 3년간 건축가로 일하면서 어린이와 보스턴 시민들에게 디자인과 건축을 홍보하는 봉사 활동을 했다.

크리스 톰슨 Chris Thompson

크리스 톰슨이 3D 프린팅을 처음 시작한 것은 하이브76 Hive76이라는 해커스페이스에서 첫 객체를 프린트하면서부터다. 스케치업으로 모델링한 도브테일 조인트 dovetail joint를 컵케이크 CNC 모델로 프린트한 것이었다. 렙랩 RepRap으로 모델을 프린트하고, 신규 사용자들을 위해 3D 프린팅 워크숍을 개최하면서 자신의 기술을 더욱 발전시켰다.

그전에는 필라델피아 넥스트팹 NextFab 스튜디오의 기술 팀장이었으며, 디지털 제조 분야의 전문가였다. 미트카드닷컴(meatcards.com)으로 나름 성공한 기업가이기도 하다. 이러한 과거 경력을 거치면서 레이저 마킹 분야의 경험과 훌륭한 손재주를 얻었고, 디지털 디자인 툴에 익숙해졌다.

발레리아에게 고마움을 전한다. 그녀가 없었다면 모든 것이 불가능했다.

삼손 튜 Samson Tiew

호주 시장에 온라인 디지털 제작 플랫폼을 서비스하는 기업 더 메이크 랩The make lab의 공동 창업자다. 건축가 출신이다 보니, 소매 고객들이 디지털 제작에 좀 더 쉽게 접근하게 하는 틈새시장을 잘 공략했다. 디자인과 제작 분야에서 그가 특히 중요하게 생각한 것은 실험 정신에는 실질적인 실험이 동반되어야 한다는 것이다.

더 메이크 랩은 설계자나 맞춤형 제품을 제작하고 생산하는 것을 좋아하는 사람들을 위한 플랫폼이다. 그동안은 레이저 절단에 집중해왔지만, 더 메이크 랩 직원들이야말로 CNC 라우팅이나 3D 프린팅과 같은 다른 디지털 제작 방식에 아주 잘 맞는 사람들이다.

옮긴이 소개

감영하 yhgam0829@gmail.com

한국해양대학교 제어 컴퓨터 정보공학과를 졸업하고, 삼성전자 무선사업부에서 7년 정도 엔지니어로 근무했다. 바른 번역 글밥 아카데미 영상 번역 과정을 수료했고, 이후 프리랜서 영상 번역 및 문서 번역가로 활동하고 있다. 현재 고려대학교 맥쿼리 통번역 대학원에서 통번역을 전공하고 있다.

옮긴이의 말

전 세계적으로 3D 프린팅이 많은 관심을 받고 있다. 제조업에 혁신을 가져올 제4차 산업 혁명으로 불리는 3D 프린팅의 가능성은 실로 무한하다. 미국에서는 3D 프린터로 프린트한 피자를 파는 가게가 문을 열기도 하고, 중국에서는 거대한 3D 프린터로 집을 프린트하거나, 의료계에서는 의수나 의족은 물론이고 심장이나 신장과 같은 신체 일부를 프린트하는 데 성공했으며, 이를 실제로 이식하기 위한 연구도 한창이다.

미국이나 독일, 중국, 일본 등에서 많은 투자를 바탕으로 수많은 연구가 진행되어 3D 프린팅 시장이 급격히 성장하고 있는 것에 비해, 국내에서는 아직까지 3D 프린팅의 인기를 실감하기 어려웠던 것이 현실이다. 아마 3D 프린팅에 관심을 가진 독자라 하더라도, 3D 프린팅에 대한 기술적인 정보를 구하는 데에는 어려움을 느꼈을 것이다.

직접 3D 프린트를 이용해 모델을 프린트해보고 싶지만 어디서부터 어떻게 시작해야 할지 모르겠다면 이 책을 적극 추천한다. 개인용 3D 프린터를 구입한 경우나, 3D 프린트 서비스를 이용하는 경우 어느 쪽이든 프린트할 모델을 모델링하는 과정이 필요하다. 모델링을 처음 접하는 독자라면 쉽게 배우고 따라 할 수 있는 스케치업으로 손쉽게 3D 모델링을 배울 수 있다.

이 책은 3D 프린팅을 위한 스케치업 설치부터 출력까지 실습을 통해 배울 수 있도록 구성되어 있다. 가장 기본적이고 실용적인 내용 위주로 구성되어 있으며, 그 과정에서 쉽게 발생하는 문제점들과 그 해결 방법에 대한 팁이 적절하게 실려 있어, 혼자서 공부하면서도 쉽게 문제 해결이 가능한 것이 장점이다.

저자가 혼자 공부하면서 겪은 시행착오와 경험을 통해 알게 된 것을 두껍지도 않은 이 한 권의 책을 통해서 얻어갈 수 있을 것이다.

3D 프린팅을 이용해 직접 무언가를 만들어보고자 하는 누군가에게 이 책이 작은 도움이 되었으면 한다.

감영하

목차

지은이 소개 4
기술 감수자 소개 5
옮긴이 소개 7
옮긴이의 말 8
들어가며 17

1장 3D 프린팅 설계자가 알아야 할 개념 — 23

3D 프린팅에 대한 간단한 배경지식 24
   3D 프린팅 프로세스 25
      지지 재료 프린팅 26
프린트를 구매할 것인가, 프린팅 서비스를 이용할 것인가? 27
3D 프린팅 최대한 활용하기 29
   시제품 설계와 완제품 설계 30
3D 프린팅의 잠재적인 위험 피하기 30
3D 모델링 프로그램 선택 32
요약 33

2장 3D 프린팅을 위한 스케치업 설치 — 35

스케치업 다운로드 및 설치 35
   스케치업 인터페이스 37
빠른 모델링과 문제 해결을 위한 템플릿 설정 38
   3D 프린터의 빌드 영역 컴포넌트 설정 40
   모델링 단위 42
   내가 만든 템플릿을 기본 템플릿으로 저장하기 42
   다른 스타일 사용 43

툴바 설정	43
다이얼로그 최소화	44
확장 기능 설치 및 사용	45
더 많은 확장 기능 설치	47
간단한 실습	48
STL 파일 불러오기	50
요약	51

3장 2D 스케치로 3D 모델링하기　　53

간단한 스케치로 시작하기	53
쉬운 프린팅을 위한 디자인	54
스케치업으로 스케치 모델링하기	55
변경 이력을 저장해서 이터레이션 속도 높이기	58
모델 내보내기와 프린트하기	59
벡터 아트워크 불러오기	61
부분 크기 조절	62
보너스 팁: 필라멘트 프린터의 돌출부 45도 법칙	62
나만의 디자인 만들기	64
요약	64

4장 모델 해상도의 이해　　65

벽 두께	66
꽃병 모델링	67
프로파일 생성	68
확대해서 면이 사라지는 문제 예방하기	69
벽 두께 생성	71
원의 속성 이해	72
마법을 만드는 Follow Me 툴	74

데스크톱 필라멘트 프린터 사용자를 위한 보너스 팁	75
Outer Shell 툴로 솔리드 합치기	76
보너스: 그 외의 벽 두께 생성 방법	80
요약	81

5장 기존 모델 활용   83

스케치업 컴포넌트 활용으로 시간 절약하기	84
컴포넌트로 모델 저장	85
온라인 3D 모델 공유 사이트	86
Thingiverse	87
3D Warehouse	87
GrabCAD	88
사례 연구: 고프로 렌치 수정	88
요약	94

6장 휴대폰 거치대 설계   95

2D 스케치에서 시작하기	96
3D로 만들기	97
디테일을 추가해서 더 재미있는 모델 만들기	98
3D Text 툴 사용	99
대칭 모델 반사	100
Outer Shell 툴로 그룹 합치기	101
충전 케이블 삽입 공간 만들기	102
Orient faces로 완벽한 모델 만들기	105
프린트하기 위해 모델 내보내기	106
프린트한 모델 테스트하기	106
개선된 설계 적용	107
복사 및 크기 조절로 복잡한 모양 만들기	108

마무리 및 수정한 모델 프린트	110
두 번째 이터레이션 테스트	110
요약	112

7장 지형 삽입 및 컬러 인쇄 — 113

구글 어스의 지형 이용	114
컬러 프린트	118
텍스처와 단색	119
스케치업 단색 작업	120
스케치업에서 텍스처 작업	121
컬러 프린트를 위한 모델 내보내기	121
요약	122

8장 3D 프린팅을 위한 건축 모델링 — 123

스케치업 3D 프린팅 VS 스케치업 렌더링	124
사례 연구: 렌더링 모델로 3D 프린트하기	125
원본 모델 살펴보기	126
모델링 계획	128
그룹과 레이어로 체계화하기	129
규격에 맞는 벽 두께 만들기	130
디테일 추가를 위한 벽 수정	134
창살 넣기	136
내부 벽 추가	137
지붕 모델링	138
프린트할 방향 정하기	139
모델 프린트 및 보너스 설명	142
컬러 프린트할 모델 준비	145
프린트할 방향 정하기	147

i.materialise에서 프린트하기	148
Shapeways에서 프린트하기	149
컬러 프린트한 이동식 주택	149
요약	151

부록 성공적인 3D 프린팅을 위한 참고 자료 — 153

모델이 솔리드가 아닐 때 문제 해결	153
스케치업 확장 기능	155
온라인에서 확장 기능 찾기	155
이 책에 언급된 확장 기능	156
더욱 유용한 확장 기능	157
스케치업 강좌	157
3D 프린팅 관련 프로그램	158
3D 모델 제공 사이트	158
3D 프린트 서비스	159
쇼핑몰 형태의 산업용 서비스	159
크라우드소싱 프린트 서비스	160
문의	160

찾아보기	161

들어가며

2010년 한 3D 프린팅 디자인 콘테스트에 참가하면서 3D 프린팅의 매력에 빠지게 되었다. 비록 입상은 못했지만, 민주적인 제조업의 현장을 만났다. 그곳에서는 한때 대기업의 전유물이었던 3D 프린팅 기술로 누구나, 어떤 디자인이든 만들어낼 수가 있었다.

3D 프린터로 시제품뿐만 아니라 최종 제품도 만들 수 있다는 새로운 아이디어로 인해 선주문 후생산 방식의 3D 프린팅 기업들이 생겨나기 시작했고, 3D 프린팅 제품에 대한 수요가 증가하는 반면 가격은 급격히 감소했다. 3D 프린팅 확산에 한몫을 한 또 다른 요인은 바로 특허 만료다. 덕분에 저렴한 3D 프린터 개발이 가능했던 것이다.

이 분야에서 일하면서, 많은 사람들이 3D 모델링을 배우는 데 어려움을 느낀다는 것과 제대로 배워두면 좋은 대우를 받는다는 것을 알게 되었다. 바로 프린트가 가능한 스케치업 모델링은 특히 기술적인 도움을 받기가 쉽지 않았고, 결국 스스로 문제를 해결해야 하는 경우가 많았다. 내가 알게 된 것을 바탕으로 온라인 커뮤니티에서 스케치업을 이용해 직접 설계한 모델을 프린트하려는 사람들에게 도움을 주다 보니 내 실력도 자연히 향상될 수 있었다.

3D 프린팅 대중화의 초기 단계인 요즈음 누구나 3D 프린터를 최대한 활용할 수 있게 할 수준 높은 교육의 필요성을 느꼈다. 초기 3D 프린터 사용자들은 대부분 다른 사람들이 모델링해놓은 것을 온라인에서 내려받아 프린트했기 때문에, 이들 사이에서조차 3D 모델링이 흔하게 사용된 기술은 아니다.

내가 3D 프린팅 모델링을 배우면서 겪었던 어려움을 여러분은 느끼지 않길 진심으로 바란다.

표지에 실린 램프 이미지는 내가 처음으로 3D 프린팅용으로 디자인한 것이다. 나일론 소재를 레이저 소결해서 만든 이 램프는 독특한 빛의 패턴을 보여준다. 스케치업 프로그램만으로 디자인한 복잡한 이 기하학적 구조는 3D 프린팅이 무엇을 할 수 있는지를 보여주는 훌륭한 예다.

이 책에서 다루는 내용

1장, 3D 프린팅 설계자가 알아야 할 개념에서는 다양한 3D 프린팅 프로세스와 각 프로세스의 장단점을 소개한다. 소재 사양을 확인하는 방법과 자신에게 맞는 재료를 선택하는 방법을 배운다.

2장, 3D 프린팅을 위한 스케치업 설치에서는 스케치업 설치 방법과 효율적으로 3D 프린팅을 할 수 있게 템플릿을 최적화하는 법을 설명한다. 확장자에 대해 설명하고, 3D 프린터로 출력 가능한 파일을 처음 만들어본다.

3장, 2D 스케치로 3D 모델링하기에서는 시작에 앞서 이미지를 불러오는 방법과 원하는 사이즈로 정확하게 설정하는 방법, 벡터 아트워크를 삽입해서 3D 모델링을 시작하는 방법에 대해 다룬다.

4장, 모델 해상도의 이해에서는 스케치업에서 곡선을 사용하는 방법과 곡선 모델을 매끄럽게 프린트하는 방법을 설명한다. 두께에 대해 배우고, 프린트 소재를 최소한으로 사용하는 방법을 배운다. 마지막으로, Outer Shell Tool을 사용해 작은 부품들을 합쳐서 복잡한 모델을 만드는 법을 배운다.

5장, 기존 모델 활용에서는 온라인상에서 3D 모델을 찾는 법과 온라인에서 찾은 모델로 시간을 절약하는 방법을 소개한다. 기존 모델을 필요에 맞게 수정하는 법을 배운다.

6장, 휴대폰 거치대 설계에서는 고급 모델링 기술을 소개하고, 절반만 그려서 시간을 절약하는 방법을 설명한다. 모델을 반복 사용해 최종 디자인을 만들어가는 과정을 보여준다.

7장, 지형 삽입 및 컬러 인쇄에서는 3D 구글 어스Google Earth의 3D 지형을 삽입하고 프린트하기 위해 단색으로 바꾸는 법을 보여준다. 스케치업에서 제공하는 색상과 질감에 대해 배우고, 이것이 프린트할 모델의 패키징에 미치는 영향을 살펴본다.

8장, 3D 프린팅을 위한 건축 모델링에서는 기존 건축 모델을 템플릿으로 이용해 3D 프린트 가능한 모델을 만드는 법을 보여준다. 또 FFF 방식의 데스크톱 프린터를 사용할 경우 지지 구조물을 최소화하기 위해, 모델을 부품별로 나누는 방법을 배운다.

부록, 성공적인 3D 프린팅을 위한 참고 자료에서는 문제 해결에 대한 도움말과 3D로 프린트 모델링에 도움이 될 만한 사이트의 링크를 제공한다.

이 책을 읽기 전에 필요한 것

스케치업 메이크 버전 혹은 프로 버전이 있어야 한다. 단, 상업적 목적으로 사용할 경우 라이선스에 따라 프로 버전을 사용해야 한다.

스케치업에 대한 최소한의 기본 지식이 있어야 한다. 스케치업을 사용해 본 적이 없는 독자에게는 에이단 초프라Aidan Chopra의 저서 『SketchUp for Dummies』(와일리, 2010년)나 관련 웹 사이트(www.go-2-school.com)의 비디오 교육 과정을 추천한다.

이 책의 대상 독자

자신이 설계한 것을 직접 출력하고자 하는 스케치업 사용자, 시제품으로 테스트하려는 애호가 혹은 신제품 개발자, 3D 프린팅을 공부하는 학생들을 위한 책이다.

편집 규약

이 책에서 정보의 종류를 구분하기 위해서 다양한 표기 방식을 사용한다. 각각의 방식과 그 의미를 알아보자.

본문에 등장하는 코드, 테이블명, 폴더명, 파일명, 파일 확장자, 경로명, 임의 URL, 사용자 입력, 트위터 주소는 다음과 같이 표기한다.

"3D 모델은 슬라이싱 프로그램이 읽을 수 있는 형식으로 변환되는데, 보통 Stereolithography [.STL] 파일이다."

새로운 용어나 중요한 단어는 고딕체로 표현했다. 예를 들어 스크린샷, 메뉴, 다이얼로그 박스상의 텍스트는 다음과 같이 표기한다.

"그룹을 선택하고, **Soften Edges** 다이얼로그 박스의 스크롤바를 조절하면, 손쉽게 삽입된 모델을 부드럽게 처리할 수 있다."

 주의 사항이나 중요한 정보는 이렇게 박스 안에 표기한다.

 유용한 팁이나 기법은 이와 같이 표기한다.

독자 피드백

독자들의 피드백은 언제나 환영한다. 어떤 점이 마음에 들고 어떤 점이 마음에 들지 않는지 책에 대한 의견을 받고 있다. 독자에게 가장 도움이 될 책을 만들기 위해서는 독자 피드백이 매우 중요하기 때문이다.

일반적인 피드백은 다음 주소(feedback@packtpub.com)로 책 제목과 피드백을 포함한 간단한 메일을 보내주기 바란다.

전문 분야나 관심 분야에 대한 책을 출간하고 싶은 독자는 홈페이지(www.packtpub.com/authors)에서 저자 가이드를 살펴 보시기 바란다.

고객 지원

팩트Packt 출판사는 독자들이 구입한 도서를 최대한 활용할 수 있게 다양한 도움을 제공하고 있다. 한국어판에 대한 도서 정보는 에이콘출판사 도서정보 페이지(www.acornpub.co.kr/book/3d-printing-sketchup)에서 확인할 수 있다.

이 책에 삽입된 컬러 이미지 다운로드

책에 사용된 스크린샷과 도표 이미지 역시 PDF 파일로 제공된다. 컬러 이미지를 참고하면 결과물이 어떻게 달라지는지를 이해하는 데 도움이 될 것이다. 파일 다운로드 링크는 다음과 같다(http://www.packtpub.com/sites/default/files/downloads/4573OS_Images.pdf).

오류

내용의 정확성을 확보하기 위해 최선을 다하고 있음에도 오류는 발생할 수 있다. 이 책의 본문이나 코드에서 오류를 발견할 경우 우리 출판사로 알려주길 바란다. 그렇게 해야 다른 독자들이 같은 어려움을 겪지 않게 다음 버전에서 수정할 수 있다. 오류를 발견하면 웹 사이트(http://www.packtpub.com/submit-errata)로 방문해서, 책을 선택한 후에 오류 보고 양식의 링크를 클릭해서 오류에 대해 자세히 적어주기 바란다. 일단 오류가 확인되면 접수가 이루어지고, 웹 사이트에 오류가 기재되거나 책 제목의 오류 코너에 있는 지금까지 업데이트된 오류 리스트에 추가된다. 현재 오류 상황은 다음 사이트(http://www.packtpub.com/support)에서 구입한 책 제목을 선택하면 확인할 수 있다.

불법 복제

저작권물의 인터넷 불법 복제는 미디어 전반에 걸쳐 지속되고 있는 문제다. 팩트 출판사에서는 저작권과 라이선스 보호를 매우 중요하게 생각한다. 우리 출판사 책이 어떠한 형태로든 인터넷에서 불법 복제된 걸 보게 된다면, 대책을 마련할 수 있게 주소와 사이트 이름을 즉시 알려주기 바란다.

이메일(Copyright@packtpub.com)로 불법 복제로 의심되는 사이트의 주소를 알려주기 바란다.

우리 출판사의 저자를 보호하고, 우리가 계속해서 가치 있는 정보를 제공할 수 있게 도움을 주는 것에 감사를 표한다.

문의 사항

책에 대한 어떠한 질문이라도 이메일(questions@packtpub.com)로 문의하면, 최선을 다해 답하겠다. 한국어판에 관한 질문은 이 책의 옮긴이나 에이콘출판사 편집팀(editor@acornpub.co.kr)으로 문의해주길 바란다.

1

3D 프린팅 설계자가 알아야 할 개념

3D 프린터는 제품 설계자들 사이에서 인기가 많다. 사무실에 3D 프린터가 있으면 바로 피드백을 얻을 수 있고, 설계 시간을 줄일 수 있기 때문에 대기업에서는 필수품이 되었다. 하지만 점점 인기가 높아지고 있는 이 기술을 기업에서만 사용하는 것은 아니다. 업무상 혹은 취미로 3D 프린팅을 이용하는 개인들이 늘고 있다.

3D 프린팅의 매력은 무엇일까? 생산 속도가 향상되고 생산 공정이 자동화된다는 점, 대중들의 접근성이 높아진다는 점, 더욱 복잡한 디자인이 가능하다는 점 등을 들 수 있겠다.

3D 프린팅 프로세스 중에서 가장 어려운 부분이 3D로 프린트할 수 있는 모델을 만드는 것이다. 일단 3D 모델이 완성되면 조형 프로세스는 3D 프린터가 자동으로 진행한다. 3D 프린터를 구매하는 것은 쉬운 일이지만, 좋은 모델을 만들거나 찾는 일이 훨씬 더 어렵다.

3D 프린팅 설계를 배워야 하는 이유는 무엇일까? 능력 있는 설계자들은 시간당 50달러 이상을 받는데, 복잡한 설계는 수천 시간이 걸리기도 한다. 모델링을 배운다면 프린트할 모델을 스스로 만들 수 있기 때문에 비용을 크게 절감할 수 있다. 아니면 3D 모델링 기술로 다른 사람들에게 필요한 제품을 만들어주는 일을 할 수도 있다.

3D 프린팅을 위한 설계를 할 때는 프로세스가 어떻게 진행되는지 이해하고 자신의 설계가 실제로 프린트될 수 있게 하는 것이 중요하다. 3D 프린터로 아주 복잡한 모델도 만들 수 있지만, 그런 복잡한 모델들이 실제 프린트되기 위해서는 특별한 기준을 만족시켜야 한다.

1장에서는 3D 프린팅이 무엇인지, 어떻게 동작하는지, 또 누가, 언제 사용하면 좋은지와 스케치업이 왜 3D 프린팅을 위한 좋은 도구인지를 알아보려 한다.

3D 프린팅에 대한 간단한 배경지식

3D 프린팅이 무엇일까? 3D 프린팅이란 재료를 겹겹이 쌓아 올려서 부품을 만들고, 이를 이용해 최종 제품을 만들어내는 것으로, 제조 공정에서 많이 쓰이는 용어다. 1980년대에 개발된 이 공정은 제조업계에서 첨삭 가공 혹은 빠른 프로토타이핑으로 알려져 있다. 프로토타이핑Prototyping이란 설계를 계속해서 개선하면서 제품을 생산하는 과정이며, 각각의 설계 변경을 이터레이션Iteration이라고 부른다.

상업용 3D 프린터는 2만 달러부터 100만 달러를 초과하는 것까지 높은 가격을 자랑한다. 최근 3D 프린팅 특허의 일부가 만료되면서, 애호가들은 크기가 작고, 소스가 오픈된 3D 프린터를 개발했다. 이와 같은 개인용 3D 프린터는 개인이 구매하거나 운용할 수 있을 만큼 가격이 저렴하다. 덕분에 3D 프린트의 판매가 급격히 증가했고, 3D 프린팅에 대한 전반적인 관심도 높아졌다.

3D 프린팅 프로세스

대략적인 3D 프린팅 프로세스는 다음과 같다.

1. 3D 모델은 스케치업SketchUp 같은 컴퓨터 프로그램으로 만든다.
2. 3D 모델은 슬라이싱 프로그램이 읽을 수 있는 형식으로 변환되며 보통 Stereolithography (.STL) 형식이다.
3. 슬라이싱 프로그램에서 STL 파일을 로딩하여 지코드g-code라는 명령어를 생성하고, 프린터는 지코드를 바탕으로 모델을 생성하게 된다.
4. 프린터가 한 층씩 모델을 쌓아 올린다.
5. 후처리 작업이 필요하거나 혹은 필요하지 않을 수도 있다.

몇 가지 측면에서 3D 프린팅을 2D 프린팅과 비교할 수 있다. 두 가지 방식 모두 프린트 베드 위에서 프린트 헤드가 왔다 갔다 하며 재료를 분사한다. 차이점은 3D 프린팅은 재료에 두께가 있고, 층층이 쌓아 올린다는 것이다. 또 다른 공통점은 프린트 해상도다. 2D 프린팅의 해상도는 1인치당 몇 개의 점이 찍히는지를 나타내는 DPIdots per inch로 표현되며 3D 프린팅에서는 보통 밀리미터 혹은 미크론이 몇 개의 조각으로 나뉘는지로 측정된다. 보통은 3D 프린터에서 해상도를 높이거나 낮추어 설정할 수 있다.

3D 프린팅 방식은 다양하다. 플라스틱 필라멘트 압출 적층 방식plastic filament extrusion 혹은 FFFfused filament fabrication 방식, 액체 형태의 강경화성 플라스틱을 굳히는 방식, 파우더 기반 방식, 3D 프린터로 왁스 모델을 만들어 로스트 왁스 주조법을 사용하는 방식 등이 있다. 더 많은 기술이 존재하지만, 현재 가장 흔하게 사용하는 기술들은 이와 같다.

다양한 3D 프린팅 방식에 관한 영상을 보면 재료에 따라 어떤 프린팅 방식이 적합한지를 쉽게 이해할 수 있다. 다음 링크(http://www.denali3ddesign.com/videoguide-to-3d-printing-technologies/)는 가장 많이 사용되는 몇몇 프로세스에 대한 영상을 모아놓았다.

지지 재료 프린팅

지지 재료는 3D 프린팅에서 중요한 기능을 하는데, 바로 돌출 부위를 프린트할 수 있게 해준다. 상업용 프린터에는 지지 재료를 만들기 위한 시스템이 내장되어 있다. 파우더 기반의 프린터에서는 지지 재료로 가공되지 않은 형태의 파우더를 사용할 수 있고, FFF나 다른 프린터의 경우에는 별도의 용해성 재료를 써서 모델 재료와 동시에 프린트하는 방법을 쓸 수 있다. 개인용 프린터는 모델 재료와 지지 재료를 다르게 쓰는 데에 제약이 따르는 경우가 많고, 지지 재료가 필요하지 않도록 다른 방법을 사용하기도 한다.

아래 그림을 통해 돌출 부분에 지지 재료가 필요하다는 것을 확실히 알 수 있다. 만약 지지 재료가 없다면 해당 부분은 공중에 떠 있어야 한다.

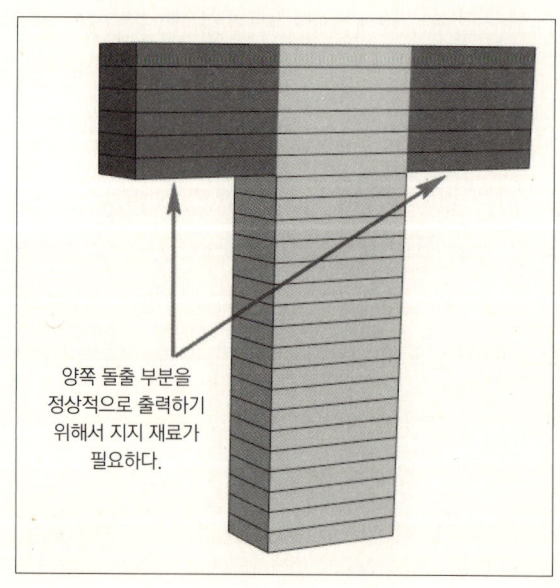

양쪽 돌출 부분을 정상적으로 출력하기 위해서 지지 재료가 필요하다.

설계 단계에서 지지 재료를 염두에 두고, 지지 재료가 필요한지와 어떻게 제거할지를 생각해야 한다. 예를 들어 파우더 방식의 프린터로 빈 박스를 프린트한다면, 지지 재료로 박스 속에 들어갈 가공하지 않은 파우더가 빠져나올 구멍도 설계해야 한다는 것이다. 하지만 FFF 방식에서는 그러한 구멍이 불필요하다. 설계 단계에서 작은 변화만 주어도 더 나은 최종 결과물을 얻을 수 있는 경우가 많다.

프린트를 구매할 것인가, 프린팅 서비스를 이용할 것인가?

상황에 따라 다르지만, 대부분 사람들이 프린팅 서비스를 사용했으면 한다. 특히 초보자라면 더욱 그렇다. 그 이유는 다음과 같다.

- 가장 큰 이유는 품질이다. 프린팅 서비스 업체들은 보통의 개인용 프린터보다 훨씬 좋은 마감재를 쓰는 상업용 프린터를 사용한다. 또한, 이러한 업체들은 상업용 후처리 장비를 이용해 광택 작업이나 도색 작업 같은 후처리 서비스를 제공한다.
- 프린터를 구매하면 프린터 장비와 소모품 등에 미리 투자하는 셈이다. 컴퓨터와 마찬가지로 3D 프린터 기술도 빠르게 발전하고 있기 때문에 구매한 장비는 몇 년 내에 구식이 될 것이고, 다시 새로운 장비를 구매하고 싶어질 것이다. 프린팅 서비스를 이용하면 투자는 다른 사람이 하고, 여러분은 완성된 부품에 대한 금액만 내면 된다.
- 프린팅 서비스는 금속에서 플라스틱, 도자기에 이르는 다양한 재료와 각 재료에 대한 다양한 마감재를 제공한다. 재료마다 그에 맞는 프린터와 소모품이 다 다르므로 개인이 모두 감당하기에는 비용이 너무 크다.

- 개인용 프린터는 상업용 프린터에 비해서 익숙해지는 데 시간이 오래 걸린다. 특히 조립식 개인용 프린터는 유지 관리가 매우 어려운 것으로 유명하다. 품질 좋은 결과물을 출력하기 위해서는 프린트의 교정이 제대로 이루어져야 하는데, 이는 시간이 오래 걸리는 작업이다.

반면 개인용 프린터를 구매하고 운영하는 것의 장점은 다음과 같다.

- 모든 사람에게 해당하는 사항은 아니지만, 프린터를 조립해서 사용하면 전기 기계적인 시스템의 동작 원리와 프린터의 유지 관리에 대해 배울 수 있기 때문에 교육적인 효과가 매우 크다.
- 프린터를 구매하면 좋은 점은 크게 두 가지인데, 그 중에 시간이 큰 부분을 차지한다. 어떤 제품을 개발한다고 가정했을 때, 사무실에 프린터가 있다면 개발 주기를 훨씬 앞당길 수 있을 것이다. 배달되는 부품을 받기 위해서 며칠에서 몇 주를 기다리는 대신 몇 시간 안에 프린트된 제품을 손에 쥘 수 있기 때문이다.
- 프린트할 양이 충분히 많은 경우에는 개인용 프린터를 사용할 경우 전체 부품 비용을 95퍼센트 절감할 수 있다. 산업용 프린터는 작동하는 데 비용이 많이 들고, 프린팅 서비스를 통해서 부품을 구매할 경우 같은 부품을 사람이 만드는 만큼의 비용이 든다.

아마도 가장 좋은 대안은 예산이 허락한다면 개인용 프린터로 시제품을 제작한 후에, 프린트 서비스를 이용해 최종 제품을 고품질로 제작하는 것이다. 이렇게 하면 양쪽의 장점을 가장 잘 이용할 수 있을 것이다.

3D 프린팅 최대한 활용하기

어떤 상황에서 3D 프린팅 기술을 이용하면 좋을까? 성공적인 3D 프린팅 사용 사례 몇 가지를 들어보겠다.

- 신제품 개발자는 빠르게 시제품을 만들어서 테스트하기 위해 3D 프린터를 이용한다. 자신의 아이디어를 프린트해서 몇 시간 안에 테스트할 수 있다면, 설계 주기가 짧아지고 제품을 시장에 빨리 내놓을 수 있다.

- 또한 신제품 개발자는 대량 생산 전에 완제품으로 3D 프린트한 제품을 팔 수 있다. 아이폰 거치대인 글리프Glif는 디자인 팀의 성공 사례로, 아이폰의 삼각대 마운트의 첫 생산분을 3D 프린터로 찍어냈다(http://www.therussiansusedapencil.com/post/2794775825/idea-to-market-in-5-months-making-the-glif).

- 설계자들은 3D 프린팅 서비스를 이용해 자신의 설계를 찍어내거나, 온라인에서 팔 수 있다. 그러면 설계자는 설계에만 집중할 수 있고, 다른 누군가가 최종 제품을 생산하고 유통하는 일을 맡기 때문에 효율적이다. 밧세바 그로스만Bathsheba Grossman은 자신의 디자인을 제작하고 온라인에서 판매하는 데 프린팅 서비스를 잘 활용한 예술가의 사례다(http://www.bathsheba.com/).

- 구하기 힘든 부품을 3D 프린팅으로 만들 수 있다. 오래된 건축물의 철물, 골동품 차의 부품, 노후 설비 등이 그 예다. 아래 링크는 더 이상 생산되지 않는 창문 부품을 프린트해서 수백만 달러를 절약하는 방법을 보여주는 사례다(http://www.denali3ddesign.com/landlord-3d-printingreplacement-window-parts/).

시제품 설계와 완제품 설계

3D 프린팅 모델링을 할 때, 두 가지 접근법이 있다. 하나는 기존 방식으로 제품을 생산하기 전에 시제품을 만드는 방법이고, 다른 하나는 3D 프린트를 위한 제품을 설계하고 프린터에서 나오는 제품을 바로 사용하는 방법이다.

사출 성형과 같이 기존 방법으로 생산하기 전에 시제품을 만드는 경우에는 사출 성형의 가이드라인에 따라 설계를 하고 모델 사양에 따라 3D 프린팅 기술을 선택한다. 특정 3D 프린팅 방식에 적합하게 디자인을 수정해서는 안되고, 시제품의 요구 사항을 충족시키는 3D 프린팅 방식을 찾는 것이 좋다.

3D 프린트를 위한 제품을 설계하는 경우에는 자신이 선택한 재료를 사용하기 위한 조건을 이해하고 거기에 알맞게 설계해야 한다. 예를 들면, SLS 방식으로는 0.2mm 이상이면 프린트할 수 있지만, 재료가 도자기일 경우에는 두께가 2mm 이상이어야만 한다. 이런 것들을 알아야 하는 이유는 같은 모델을 다른 재료로 프린트할 경우 재료에 따라 디자인을 변경해야 할 수도 있기 때문이다.

3D 프린팅 서비스를 이용하는 경우라면, 웹 사이트에서 각각의 재료에 따라 어떻게 설계를 하는지에 대한 가이드라인을 살펴야 한다. 개인용 프린터를 직접 운영한다면 모델 사양에 따른 제조 가이드라인을 찾아보아야 한다.

3D 프린팅의 잠재적인 위험 피하기

앞에서 이미 3D 프린팅의 장점에 대해 언급했다. 3D 프린터로 복잡한 객체를 쉽게 만들 수 있지만 3D 프린트가 항상 최선은 아니다. 그 이유는 다음과 같다.

- 같은 모델을 여러 개 만들 때는 효율성이 높지 않다.
- 특히 산업용 프린트는 손바닥 크기보다 큰 부품을 만들면 비용이 증가한다.

- CAD 설계뿐 아니라 부품 후처리 과정에서 수작업이 필요한 경우가 많다.
- 일반적인 제조 공정과 비교하면 재료의 종류가 매우 제한적이다.

이러한 부분들에 대해 좀 더 자세히 알아보자. 3D 프린팅은 대량 생산된 부품에 비해 가격이 비싸다. 그래도 딱 하나만 만들거나 수작업으로 만든 부품보다는 저렴하다. 각각의 부품을 만드는 시간이 마지막 부품을 만드는 시간만큼 걸리기 때문이다. 50개를 만든다고 해서 하나만 만드는 것에 비해 시간상의 이득은 없다.

3D 프린트하는 제품의 크기를 두 배로 늘리면 그만큼의 부피를 가진 제품을 만들기 위해 시간이 8배 걸린다. 이것은 비용을 기하급수적으로 증가시킨다. 이러한 이유로 간단하고, 보잘것없고 거의 뼈대만 있는 설계도를 많이 보게 될 것이다. 그래야 필요한 재료의 부피를 줄일 수 있기 때문이다. 설계도에 빈 공간을 만들면 해당 부품을 더 저렴하게 프린트할 수 있다.

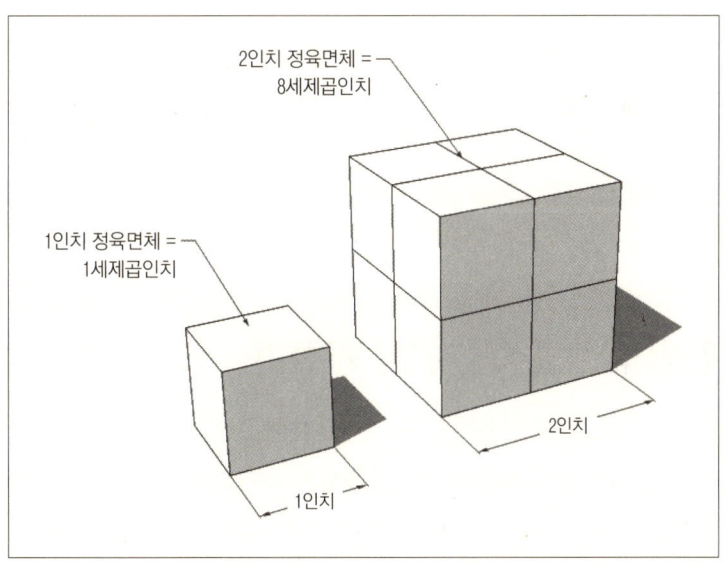

해상도를 낮추면 한 층의 두께가 두꺼워지고 프린트 속도가 빨라진다. 반대로 해상도를 높이면 한 층이 얇아지고, 섬세한 층이 생긴다. 층이 얇아지면 전체 프린트할 층의 개수는 많아진다. 따라서 해상도가 높아지면 프린트할 크기가 클 때와 마찬가지로 모델을 프린트하는 시간이 늘어난다.

쌓인 층의 결이 보이는 것은 3D 프린트에서는 어쩔 수 없는 현상이다. 하지만 후처리 작업으로 부품의 마감을 부드럽게 만들어줄 수 있다. 재료에 따라서 후처리 작업을 하거나, 사포질을 하거나 색을 칠하거나, 또 다른 작업을 할 수도 있다. 보통 수작업이라 시간이 오래 걸린다.

현재로써는 대부분의 프린터가 한 가지 재료만을 사용한다. 즉, 다양한 재료를 사용해서 프린트하려면 각각 따로 프린트한 후에 조립을 해야 한다는 뜻이다. 3D 프린팅에 적합하지 않은 재료도 많기 때문에 선택의 폭은 더욱 줄어든다.

3D 모델링 프로그램 선택

현재 나와 있는 3D 모델링 프로그램이 수십 가지에 이르는데, 수천 달러에 이르는 제품도 있고 무료로 사용할 수 있는 제품도 있다. 왜 하필 스케치업인가?

상업적인 목적이 아니라면 스케치업 메이크를 무료로 사용할 수 있다. 배우기도 쉽고, 도움을 구할 수 있는 훌륭한 온라인 커뮤니티도 있다. 또 확장 시스템을 통해서 커스터마이즈가 가능하다. 스케치업에서 배우는 개념은 다른 모델링 프로그램을 사용하더라도 적용이 가능하다.

스케치업은 직선 모델과 기하학적 형태의 모델에 가장 적합하지만 곡선이나 유기적인 모델에는 적합하지 않다. 이러한 종류의 디자인에는 더 적합한 툴이 따로 있다.

이 책은 3D 프린팅을 위한 스케치업 사용법을 담은 책이지만, 일반적인 스케치업 모델링도 조금 다룰 예정이다. 스케치업을 처음 접하는 경우에는 이 책으로 3D 프린팅에 대한 세부 사항을 공부하면서, 스케치업에서 제공하는 비디오 강좌(http://www.sketchup.com/learn/videos)를 함께 보는 것을 추천한다. 또 에이단 초프라의 저서『SketchUp for Dummies』(와일리, 2010년) 혹은 웹 사이트(www.go-2-school.com)를 참고하기 바란다.

요약

3D 프린팅은 다양한 형태의 엄청난 신기술이다. 알맞은 기술을 적용하기 위해서는 이러한 기술에 대해서 반드시 알아야 한다. 개인용 프린터와 상업용 프린터는 매우 다르고, 각각의 장점이 있으므로 각 장점에 맞게 사용해야 한다.

3D 프린팅 기술의 제약을 이해하고 강점을 잘 활용해야 한다. 맞춤형 휴대폰 케이스를 전통적인 방식으로 생산하는 것이 불가능한 것처럼, 아직은 실물 크기의 자동차를 대량 생산하는 데 3D 프린터를 사용할 수 없다.

선택한 프린터와 재료의 사양에 대해 알고, 사양에 적합한 모델을 설계해야 한다. 스케치업은 훌륭한 범용 모델링 프로그램이지만, 스케치업만이 정답은 아니다. 다른 모델링 프로그램도 배워보고, 자신에게 가장 필요한 프로그램을 사용하도록 하자.

2장에서는 성공적인 3D 프린팅을 위해 스케치업을 설치하는 법을 배운다.

2
3D 프린팅을 위한 스케치업 설치

2장에서는 스케치업 프로그램을 설치하고, 쉽고 빠른 3D 프린팅 모델링을 위한 설정을 배운다. 앞으로의 작업에 꼭 필요한 추가 기능인 스케치업의 확장 기능에 대해서도 배워보자.

스케치업 다운로드 및 설치

스케치업은 윈도우와 맥에서 모두 동작하고 무료 버전인 스케치업 메이크 SketchUp Make와 상업용 버전 스케치업 프로 SketchUp Pro 두 종류가 있으며, 웹 사이트(www.sketchup.com)에서 다운로드할 수 있다. 개인용·상업용·교육용 중에 어떤 용도로 사용할지 선택하면 다운로드 페이지로 넘어간다. 비상업적 용도의 3D 프린팅 모델 설계를 위한 메이크 버전을 설치하면 8시간 동안 프로 버전 트라이얼을 사용할 수 있다.

이 책에서는 윈도우용 스케치업 2014의 커맨드와 스크린샷을 사용했다. 이전 혹은 이후 버전의 스케치업이나, 맥용 스케치업을 사용하는 경우에는 이 책에서 제공하는 스크린샷이나 커맨드와 약간의 차이가 있을 수 있다.

프로그램을 설치하고 실행하면, 아래 그림과 같이 기본 템플릿을 선택하기 위한 스플래시 페이지로 넘어간다. 가장 아래로 스크롤해서 3D Printing > Millimeters template을 선택한다. 최초 1회만 선택하면 다시 설정할 필요가 없지만, 프로 라이선스를 구매하지 않는 경우에는 스케치업을 실행할 때마다 해당 스플래시 페이지가 나타난다.

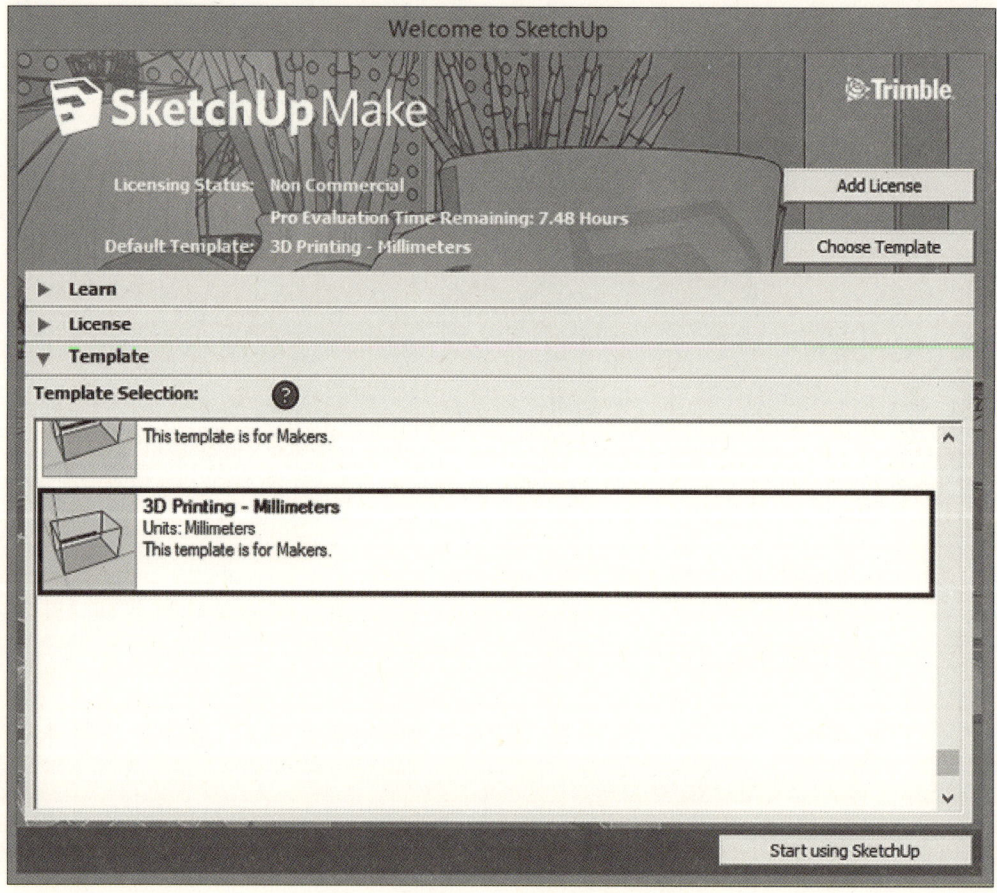

스케치업 인터페이스

스케치업을 처음 실행하면, 아래와 같은 화면이 나타난다.

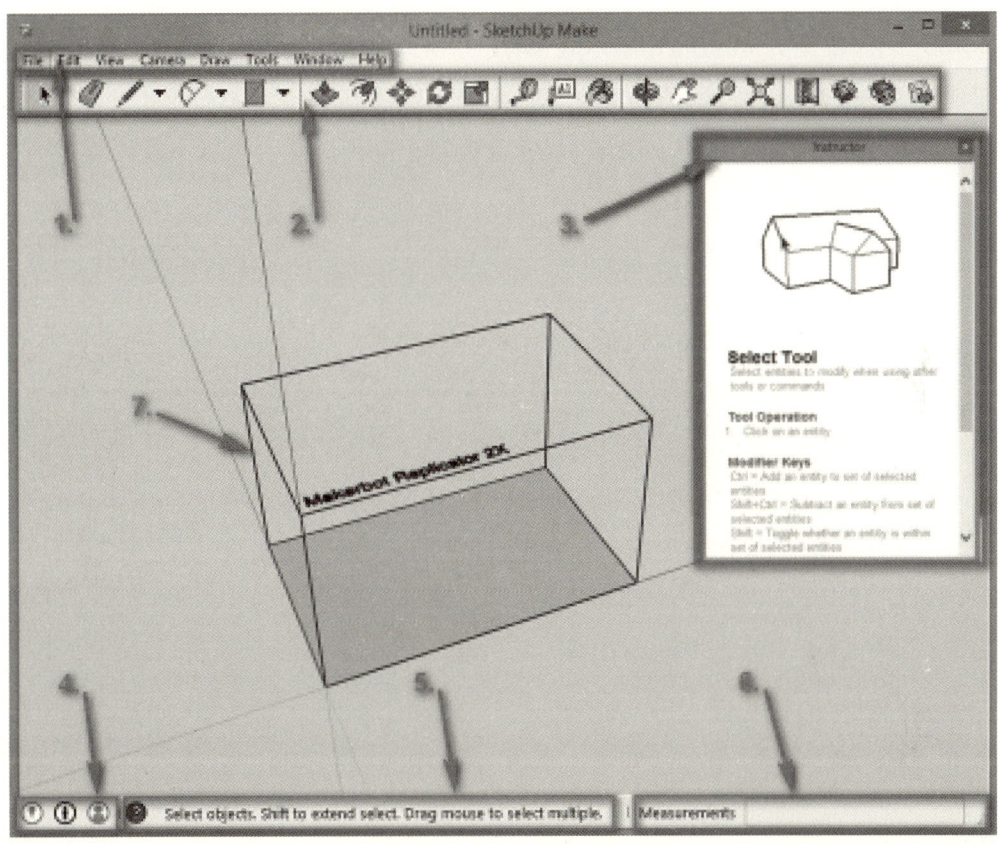

간단한 인터페이스지만, 필요한 정보는 모두 포함하고 있다. 하나씩 자세히 살펴보도록 하자.

- 메뉴바Menubar (1) 커맨드를 관장하는 메뉴바에서 프로그램의 모든 툴과 커맨드에 접근할 수 있다.

- 툴바Toolbar (2) 그림의 툴바는 Getting Started 툴바다. 더 많은 툴바가 존재하며, 툴바는 스크린의 원하는 위치에 생성할 수 있다.

- 다이얼로그 박스Dialog box **(3)** 선택한 각 툴의 기능에 대한 설명이 나타난다. 윈도우가 더욱 다양한 다이얼로그 박스를 제공한다.
- 바로가기Shortcuts **(4)** 다양한 다이얼로그 박스를 실행하는 미니 툴바다. 이 툴바는 위치를 옮길 수 없다.
- 상태 표시줄Status bar **(5)** 여기에는 단축키를 사용해 툴을 활성화하는 방법이 표시된다. 스케치업 툴의 상당수가 단축키를 제공하는데, 예를 들면 맥에서 **Shift** 키나 **Ctrl** 키 혹은 커맨드를 사용하고, 툴 기능을 확장하기 위해서 **Alt** 키 혹은 **Option** 키를 이용한다. 특히 초보자의 경우에는 단축키를 잘 알아두면 좋다.
- 측정값 컨트롤 박스VCB, Value Control Box **(6)** 측정값 툴바라고도 하는 이 창에는 현재 진행 중인 작업에 대한 측정값 정보를 알려주며, 특정 커맨드를 입력할 경우 이 창에 나타난다. 클릭할 수는 없고, 단지 진행 사항만 볼 수 있다.
- 3D 프린터 빌드 공간3D Printer, Build Volume **(7)** 이 영역은 스케치업 2014의 3D 프린팅 템플릿에 추가된 새로운 기능이다. 모델이 프린트될 프린터의 빌드 공간에 맞게 조정할 수 있는 동적 컴포넌트다.
- 설계 영역The drawing area 창의 나머지 영역은 설계 영역으로 모든 모델링이 이루어지는 공간이다.

빠른 모델링과 문제 해결을 위한 템플릿 설정

템플릿을 이용하면 설정 시간을 줄이고, 이후에 빠른 접근이 가능하다. 스케치업의 스타일 설정 기능은 모델이 화면에 보이는 방식과, 템플릿에 포함되는 방식에 영향을 준다. 스타일 설정 기능을 이용하면 음영을 주거나, 배경색을 바꾸거나 선의 두께를 변경할 수 있다. 이런 설정은 건축 모델을 보여줄 때는 유용하지만, 3D 프린팅을 위한 모델링에는 큰 도움이 되지 않는다. 심지어 추가적인 시각 효과를 보여주려다 컴퓨터에 부하가 걸려서 스케치업의 속도가 저하될 수도 있다.

스타일 설정은 Window > Styles에서 가능하다. 스타일을 다양하게 변경해서 모델이 어떻게 바뀌는지 확인하기 바란다. 스케치업을 시작할 때 선택했던 3D 프린팅 템플릿은 기본 배경에 그림자가 없는 훌륭한 설정이지만, 문제 발생 시에 해결할 수 있게 여러 가지로 변경해보자. Styles 다이얼로그의 Select 탭에서 Default Styles을 선택한 뒤, 3D Printing Style을 선택한다.

Styles 다이얼로그의 Edit 탭을 클릭하고, Face 설정에 해당하는 아이콘을 누른다. 그리고 아래의 그림과 같이 Back color 옆의 사각형을 클릭한다.

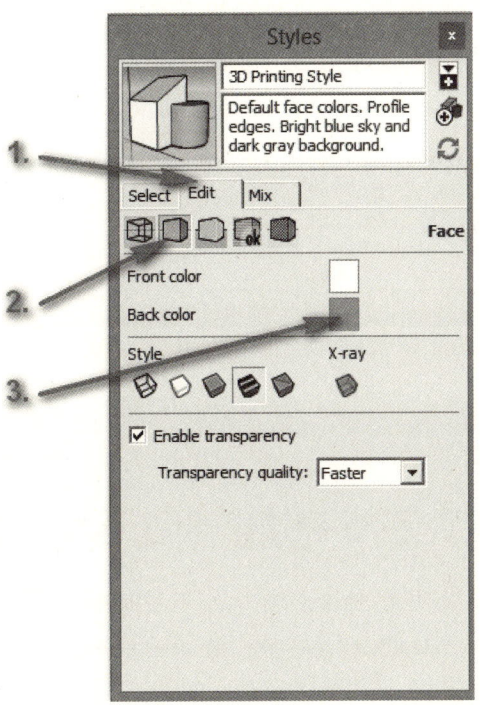

팝업이 뜨면 주황색과 같은 밝은 색상을 선택한다. 이렇게 하면 모델링을 하는 동안에 앞면과 뒷면을 쉽게 구분할 수 있다. 스케치업에서는 모든 면을 앞면과 뒷면으로 구분하기 때문에 이는 매우 중요한 부분이다. 앞면은 모두 바깥쪽을 향하고, 뒷면은 모두 안쪽을 향한다. 그렇지 않은 경우 모델이 제대로 프린트 되지 않는다.

 뒷면을 밝은 색으로 변경하면, 면이 뒤집힌 경우에 쉽게 확인할 수 있다. 화면상에서 반전된 면(Reverse Faces)을 클릭한 상태에서 오른쪽 마우스만 한 번 클릭하면 쉽게 수정할 수 있다.

Styles 다이얼로그의 우측 상단에 있는 **Update Style with changes** 버튼을 누른 후 Styles 다이얼로그창을 닫는다.

3D 프린터의 빌드 영역 컴포넌트 설정

스케치업 2014의 3D 프린팅 템플릿에 포함되어있는 3D 프린터 영역은 3D 프린터의 빌드 플랫폼을 시각적으로 보여주므로, 프린트할 모델이 사용할 프린터의 크기에 맞는지 확인할 수 있다. 빌드 영역은 동적 컴포넌트로, **Component Options**(스케치업 프로는 Component Attributes)에서 치수를 사용자가 정의할 수 있게 한 특별한 기능이다.

특히 개인용 프린터를 사용할 때 유용한 기능으로, 프린트 서비스를 이용할 경우에는 없는 편이 좋을 수도 있다.

사용할 프린트의 빌드 영역 설정을 위해서는, 빌드 영역을 클릭한 뒤, **Window > Component Options**를 선택하면 아래 그림과 같은 창이 뜬다.

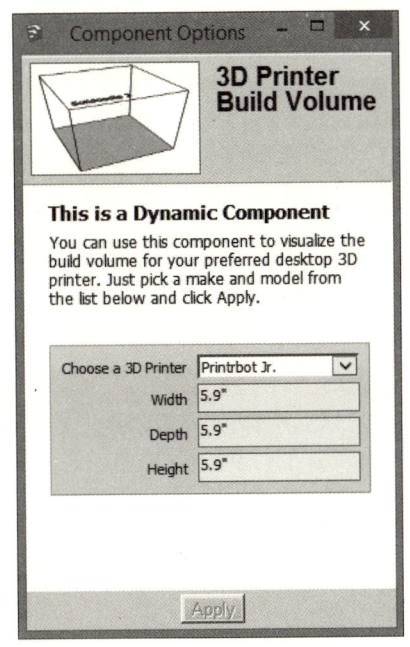

드롭다운 메뉴에는 가장 많이 사용하는 개인용 프린트 20여 종의 리스트가 나타난다. 리스트에서 프린터를 선택하고 아래의 **Apply** 버튼을 누르면 빌드 영역의 크기가 선택한 프린터에 맞게 자동으로 재조정된다. 내가 사용하는 Solidoodle2 모델은 리스트에 없다. 시장에 나와 있는 개인용 프린터가 워낙 많다 보니 놀라운 일은 아니다. 나 같은 경우에는 크기가 가장 비슷한 Printrbot Jr. 모델을 선택했다.

만약 사용하는 프린터가 리스트에 없거나 리스트에 있는 프린터 중에 비슷한 크기가 없다면, 사용하는 프린터의 빌드 영역의 크기에 맞는 상자를 그린다. 그 다음 바닥을 제외한 모든 면은 삭제하고, 모서리는 살려둠으로써 비슷한 컴포넌트를 만들 수 있다. 해당 컴포넌트 내에서 작업하고, 모든 작업이 끝나면 기존에 있던 3D 프린터 빌드 영역 컴포넌트는 삭제하면 된다.

모델링 단위

스케치업에서는 피트나 인치를 사용할 수도 있고, 미터 단위를 사용할 수도 있다. 단위 변경은 Window > Model Info > Units에서 가능하다. Model Info 다이얼로그창을 띄우지 않더라도 모델링 도중에 단위를 바꿀 수 있다. 인치 기준으로 모델링을 하고 싶을 때 유용한 기능이다. 하지만 두께와 같은 3D 프린팅 사양은 미터법만 가능하다. 따라서 인치 단위로 디자인하고, 치수를 재거나 디테일을 추가할 때는 미터 단위로 변경해야 한다.

많은 개인용 프린터는 디폴트가 mm 단위로 설정되어 있다. 따라서 mm 단위로 사용하다가 필요한 경우 인치 단위로 변경하기를 권장한다. 미터 단위로 작업을 시작하면 작업을 하다가 나중에 단위를 변경해야 하는 수고를 덜어줄 것이다. 작업 대부분이 피트나 인치로 이루어지는 경우에도 그대로 미터로 진행하고, 필요한 경우 인치로 바꾸는 편이 더 편할 것이다.

내가 만든 템플릿을 기본 템플릿으로 저장하기

사용자가 변경한 템플릿을 저장해두면, 매번 같은 작업을 반복할 필요가 없다. 저장하기 전에 3D 프린터 빌드 영역 컴포넌트를 제외한 모든 설계는 파일에서 모두 삭제하고 아래 순서대로 진행한다.

1. Model Info > Statistics에서 Purge Unused를 클릭한다. 그러면 사용하지 않는 스타일이나 컴포넌트, 파일 크기를 증가시키는 다른 설정 등은 모두 삭제된다.

 스케치업을 실행할 때마다 해당 템플릿이 기본으로 설정되도록 저장하려면 File > Save As Template...에서 이름을 '3D printing mm'로 저장한다. 저장 전에 Set as Default가 선택되었는지 확인한다.

나중에는 개인의 작업 단계에 알맞게 템플릿을 수정해서, 모델링을 시작하고 싶은 어떠한 설정에서나, 혹은 기하학 대상을 포함한 상태에서도 프로그램을 시작할 수 있다. 예를 들어, 아두이노Arduino 케이스를 모델링한다면, 프로그램 창에 이미 기본 아두이노 모델이 떠 있는 상태로 실행시켜 바로 빌드를 시작할 수도 있다.

다른 스타일 사용

대부분의 경우에는 스타일을 직접 커스터마이즈하는 것이 좋지만, 다른 스타일이 유용하게 쓰이는 경우가 있다. Architectural Design Style에서는 선을 더 굵게 표현할 수 있고, 선 양쪽 끝점도 더 굵게 표기할 수 있다. 그러면 필요한 경우 라인을 더 눈에 잘 띄게 할 수 있다. 다른 스타일 옵션들은 대부분 시각적인 효과이고, 다른 사람들에게 자신의 모델을 보여줄 때 유용한 기능일 것이다.

툴바 설정

메뉴바의 드롭다운 메뉴보다는 툴바를 이용하면 커맨드에 더 빠르게 접근할 수 있다. 기본적으로 제공되는 툴바도 다양하지만, 사용자가 직접 원하는 툴바를 만들 수 있다.

기본으로 설정된 Getting Started toolbar는 비활성화한 뒤, 화면 상단에 Standard toolbar, Styles toolbars와 Views toolbars를, 화면 좌측에는 Large Tool Set을 배치하기를 권장한다. Large Tool Set에는 모델링할 때 필요한 유용한 툴이 많다. Styles toolbars는 x-ray 모드를 껐다 켰다 하거나, 색상을 넣었다 뺐다 할 때

유용하다. Views toolbars는 전방, 후방, ISO 등으로 카메라 모드를 전환할 때 사용한다.

초보자에게는 툴바가 유용하지만, 모델링 속도를 높이기 위해서 키보드 단축키도 익혀두길 권한다. 키보드 단축키를 한 페이지로 정리한 문서를 다음 페이지(http://help.sketchup.com/en/article/116693)에서 확인할 수 있다.

다이얼로그 최소화

자주 사용할 몇 가지 다이얼로그창이 있다. 작업 공간을 확보하기 위해서 창을 닫았다가 필요할 때 메뉴의 Window에서 다시 실행시키는 대신, 나는 자주 사용하는 창만 화면 오른쪽에 최소화해두는데 그 종류는 다음과 같다.

- Entity Info
- Components
- Materials
- Soften Edges
- Layers

다이얼로그창을 최소화하려면 창 상단을 클릭하기만 하면 된다. 그러면 창이 최소화되면서 창 이름만이 보인다. 이렇게 하면, 작업에 방해는 되지 않으면서 쉽게 접근할 수 있다. 최소화된 창은 서로 달라붙어서 깔끔하게 정리하기 쉽다.

모델링을 시작하기 위해 스케치업을 실행하면 다음과 같은 화면이 나타난다.

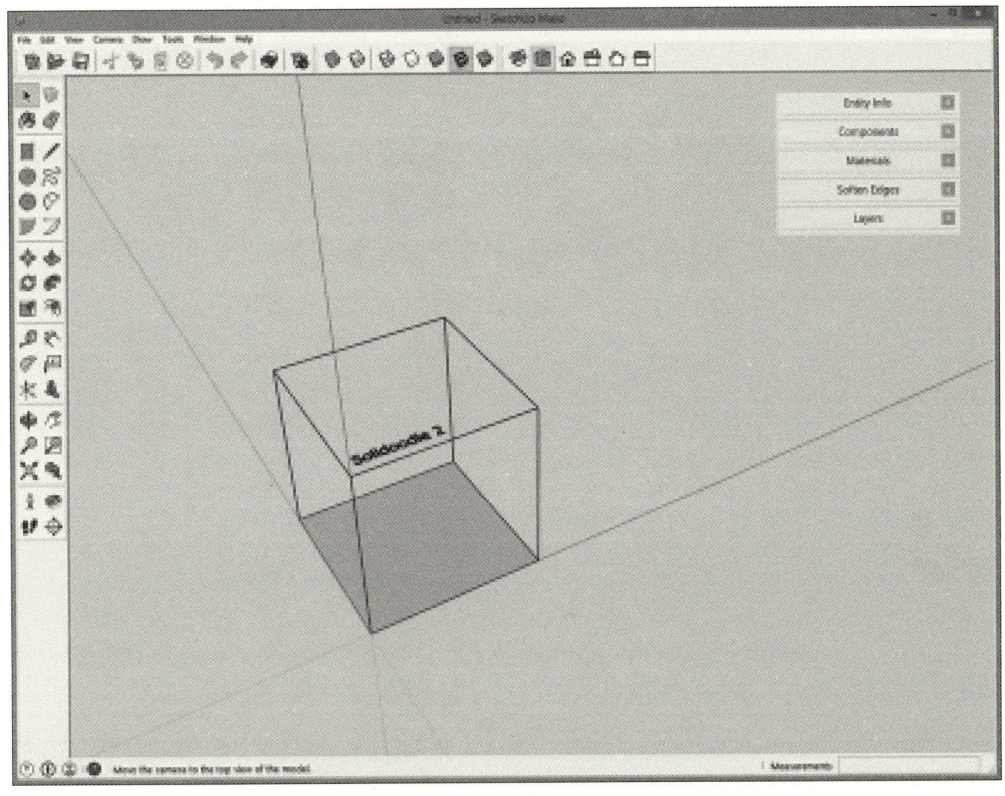

어떻게 작업 공간을 최대화하는지를 확인할 수 있을 것이다. 툴바는 화면의 상단과 왼쪽에 배열되어 있고, 다이얼로그 박스는 화면 오른쪽 위에 깔끔하게 최소화되어 있다.

확장 기능 설치 및 사용

플러그인 혹은 루비라고도 불리는 확장 기능은 스케치업을 괜찮은 건축가용 프로그램에서 누구나 필요에 따라 커스터마이즈할 수 있는 다목적 모델링 툴로 바꾸어준다. 스케치업 2013은 확장 기능 설치 방법이 조금 다를 수 있다. 확장 기능을 설치하는 가장 쉬운 방법은 스케치업 내부의 Extensions Warehouse 다이얼로그를 이용하는 방법이다. 가장 먼저 설치할 확장 기능은 3D 프린팅 파일을 내보내기 혹은 불러오기 하는 기능이다.

확장자가 .STL인 Stereolithography은 가장 3D 프린트 입력 파일로 가장 많이 쓰이는 형식이다. 원래 스케치업에는 .STL 파일로 변환하는 기능이 없었지만, 몇몇 프로그래머가 해당 기능을 위한 확장 기능을 만들었다. 이 기능은 대부분의 스케치업 확장 기능과 마찬가지로 공짜로 배포되었고, 이제 누구나 자신이 만든 스케치업 모델의 .STL 파일을 만들 수 있다.

확장 기능을 설치하려면, 메뉴의 Window > Extensions Warehouse로 가서 구글 계정으로 로그인한다. 화면 오른쪽 위에서 SketchUp STL로 검색한 후, SketchUp STL by the SketchUp team이라는 제목의 링크를 클릭한다. 성명과 사용법을 읽고, 자세한 설명을 위한 그림들을 살펴본다. 오른쪽 위의 빨간색 Install 버튼을 누른다. 그러면 아래 그림과 같은 경고창이 뜰 것이다.

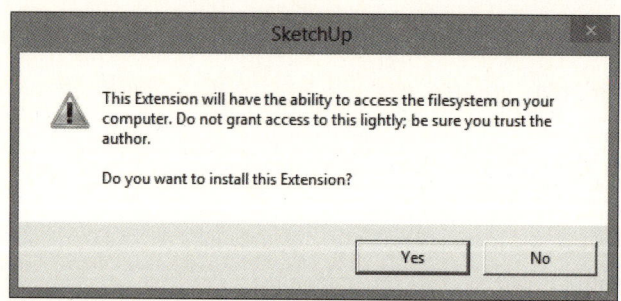

Yes 버튼을 클릭한다. 약관에 확인하면 확장 기능을 사용할 수 있다. 다음으로 바로 설치해두면 좋을 필수적인 확장 기능 두 가지를 더 소개하겠다.

- Solid Inspector와 필요 요소인 TT_Lib2를 설치한다. TT_Lib2에 링크하는 방법은 관련 문서를 확인한다.
- CleanUp[3]

다른 확장 기능도 마찬가지지만, 위의 툴의 사용법에 대한 문서를 읽어보도록 한다. 일례로 이 세 가지 확장 기능을 실행하는 방법은 모두 다르다. STL export/ STL import 기능은 메뉴의 File 하위에 나타난다. Solid Inspector 기능은 메뉴의 Tools 하위에 나타나고, Cleanup은 새로 형성된 메뉴의 Plugins 하위에 생성된다. 다른 확장 기능도 툴바나 메뉴 혹은 화면에서 오른쪽 마우스를 클릭해서 실행할 수 있다.

더 많은 확장 기능 설치

Extensions Warehouse가 생긴 건 상대적으로 얼마 되지 않았지만, 확장 기능은 몇 년 전에 등장했다. 그렇다면 그전에는 사용자들이 어떻게 Warehouse를 설치했는지가 궁금하다면 여기 답이 있다. 아직 Extensions Warehouse에 올라오지 않은 유용한 확장 기능이 인터넷에 많이 올라와 있다.

이러한 다른 확장 기능들을 이용하려면 수동으로 지정된 폴더에 파일을 넣어줘야 한다. 자세한 내용은 다음의 도움말(http://help.sketchup.com/en/article/38583)을 참고하기 바란다.

다음은 Extensions Warehouse 외에 괜찮은 스케치업 확장 기능을 구할 수 있는 사이트 두 곳이다.

- **SketchUcation** 사이트 주소는 다음(http://sketchucation.com/resources/plugin-store-download)과 같다. Extensions Warehouse와 비슷하지만 아주 다양한 종류의 전문적인 확장 기능을 설치하고 관리하는 것이 가능하다. 또한 SketchUcation은 확장 기능을 설치하다가 문제가 생겼을 경우 도움을 받기에도 가장 좋은 커뮤니터다.
- **Smustard** 사이트 주소는 다음(http://www.smustard.com/)과 같다.

인터넷에서 검색하면 더 많은 확장 기능을 찾을 수 있다. 하지만 믿을 수 있는 사이트에서만 설치하도록 한다.

간단한 실습

첫 3D 프린트 모델을 만들어보자. 단순한 상자의 가운데를 뚫어보자. 아래의 순서대로 .STL 파일로 내보내기를 한 뒤, 다시 스케치업에서 불러오기를 해서 어떻게 동작하는지 확인해보자.

1. Rectangle 툴을 이용해 가로 100mm, 세로 100mm의 사각형을 그린다.
2. Push/Pull을 이용해, 사각형을 당겨서 100mm 높이의 육면체를 만든다.
3. Circle 툴을 이용해서 사각형 윗면에 지름 10mm의 원을 그린다.
4. 그린 원을 바닥까지 밀어서 육면체를 관통하게 한다.
5. 아무 면이나 세 번 클릭해서 육면체 전체가 선택되게 한다.
6. 오른쪽 마우스를 클릭해서 Make Group을 선택해 그룹으로 묶는다. Entity Info 다이얼로그를 확인해보면, Solid Group(1 in model)이라 표시되는데, 이는 매우 중요한 부분이다. 모델이 solid로 표시되지 않는다면 제대로 프린트될 수 없으므로, 다시 돌아가서 수정해야 한다.

 Entity Info 다이얼로그에서 모델이 solid로 표시되는지 확인한다.

X-ray 기능을 선택했을 때, 아래와 같이 원통이 끝까지 관통해야 한다.

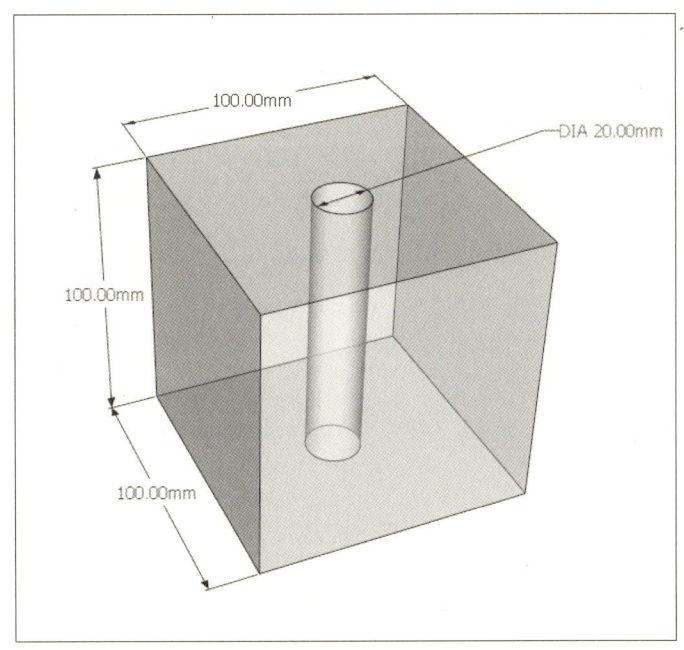

그룹을 선택한 뒤, 메뉴의 File에서 Export STL...을 선택하고, Export unit을 Millimeters로, File Format을 Binary로 선택하고 파일을 저장한다. 파일명을 TestCube.stl로 하고, 마지막으로 파일 형식이 .STL인지 확인한다.

 Binary와 ASCII는 대체로 같지만, binary 파일이 압축되어 있기 때문에 크기가 더 작고, 작업하기도 더 쉽다.

이제 3D 프린트할 수 있는 파일을 만들었다. 이 파일을 프린터로 보내면 몇 분 안에 플라스틱 모델을 손에 쥘 수 있다.

STL 파일 불러오기

메뉴의 File 하위에서 Import...를 선택하고, 파일 형식을 .STL로 설정한 뒤 .STL을 저장했던 위치를 찾는다. Options을 클릭해서 Merge Coplanar Faces를 선택 해제하고, Units가 Millimeters로 설정되었는지 확인한 뒤 Accept를 누른다. 선택한 .STL 파일을 불러오기 위해서 Open을 누른다. Options에서 Preserve Drawing Origin을 선택했다면, 처음 그렸던 육면체 바로 위로 불러오게 되기 때문에 Move 툴로 옆으로 옮겨준다.

이번에는 같은 파일을 불러오지만, Import STL Options에서 Merge Coplanar Faces를 선택한다. 다시 한 번 옆으로 옮겨주어 원본 스케치업 모델과 불러온 두 개의 STL 파일까지 세 개를 모두 한 번에 볼 수 있게 한다. 아래의 그림과 같은 화면을 보게 될 것이다.

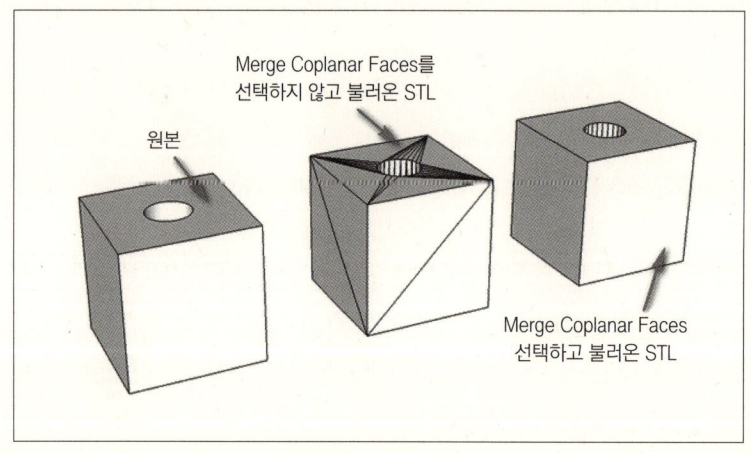

세 가지의 차이점을 확인해보자. 가운데 모델에서는 삼각형을 이루는 선들이 추가된 것을 볼 수 있다. Merge Coplanar Faces를 선택하고 불러오기를 하면 해당 선들이 사라지기 때문에 불러온 모델로 작업하기가 수월하다. 예를 들면, 삼각형에 해당하는 선들이 없어진 모델은 쉽게 push/pull할 수 있지만, 가운데 있는 모델은 추가 면이 많아서 어렵다.

또한, 원본과 불러오기한 모델의 안쪽 원기둥이 다른 것을 볼 수 있다. 원본은 안쪽 면이 매끄러워 보이지만, 불러온 모델들은 여러 면이 모여서 원기둥을 이루고 있는 것을 볼 수 있다. View > Hidden Geometry에서 hidden geometry를 선택하면, 내보내기 전의 원본에서도 같은 면을 확인할 수 있다.

이것을 알아야 하는 이유는 최종 결과물을 매끄럽게 만들거나, 필요에 따라 더 정교하게 만들기 위해서 스케치업에서 원을 이루는 면의 개수를 늘릴 수 있기 때문이다. 더 자세한 내용은 4장. 모델 해상도의 이해에서 다룰 예정이다. 또 그룹을 선택하고, Soften Edges 다이얼로그 박스의 스크롤바를 조절하면, 손쉽게 삽입된 모델을 부드럽게 처리할 수 있다.

앞에서 설치한 확장 기능 CleanUp 또한 merge coplanar faces 기능을 가지고 있다. STL Import Options에서 merge coplanar faces 기능을 제공하지 않는 이전 버전의 스케치업을 사용하는 경우 유용한 확장 기능이다.

요약

2장에서는 스케치업을 설치하고, 빠른 3D 프린팅 모델링을 위해 템플릿을 커스터마이즈해보았다. 확장 기능이 무엇이며, 어떻게 확장 기능을 설치하는지, 또 Extensions Warehouse에서 공식적으로 제공하는 것 이외의 더 많은 확장 기능을 어디서 찾을지도 배웠다.

3D 프린팅용 STL 파일을 처음으로 만들고, 만든 STL 파일을 스케치업으로 다시 불러오기 해보았다. 끝으로 STL 파일을 불러올 때 merge coplanar faces 기능이 중요한 이유도 배웠다. 3장에서는 2D 도면으로부터 3D 프린트 가능한 모델을 설계하는 방법에 대해 배운다.

3

2D 스케치로 3D 모델링하기

간단한 스케치로 아주 간단한 형태의 3D 모델링을 시작할 수 있다. 종이와 펜을 이용하거나, 정확하고 전문적으로 디자인한 그래픽을 이용하거나, 혹은 그 중간쯤의 어떤 도구를 이용하더라도, 3D 프린트 모델을 금방 만들 수 있다. 가장 흔하게 3D로 프린트하는 2D 그래픽에는 로고나 쿠키 커터 등이 있다. 3장에서는 손으로 그린 간단한 스케치로 가정에서 유용하게 사용할 만한 객체부터 만들어보겠다.

간단한 스케치로 시작하기

실습을 위해서 유용하면서 간단한 것부터 시작해보자. 그래도 출력할 예정이니 재미있는 디자인으로 만들어보겠다.

나는 해상도가 높지 않은 고리 모양 해마를 종이와 연필로 직접 스케치하는 것으로 시작했다. 그리고 그림을 JPEG 파일로 스캔해서 저장했다. 아래 그림에서 보듯이 멋진 그림은 아니지만, 시작용으로는 나쁘지 않다.

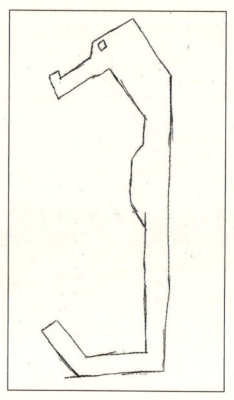

쉬운 프린팅을 위한 디자인

내가 어떠한 생각의 과정을 거쳐 디자인했는지 이야기해보자. 데스크톱 FFF 프린터로 이 고리 모양을 프린트할 생각이었다. 그래서 평행한 선들을 디자인하고, 돌출부나 작은 디테일은 생기지 않게 했다. 더 복잡한 디자인도 충분히 프린트할 수 있지만, 이 정도 디자인은 처음 시작하는 사람도 쉽게 프린트할 수 있기 때문이다. 이제 모델링을 시작해보자!

스케치업으로 스케치 모델링하기

먼저 스케치업에서 해당 이미지를 불러와야 한다. 메뉴의 File > Import...를 선택한다. 파일 형식을 All Supported Image Types으로 선택하고, Options에서 Use as image 라디오 버튼을 선택한다.

이미지를 더블 클릭하거나 이미지 선택 후 Open 버튼을 눌러서 아래 그림에 보이는 Import 다이얼로그를 닫는다.

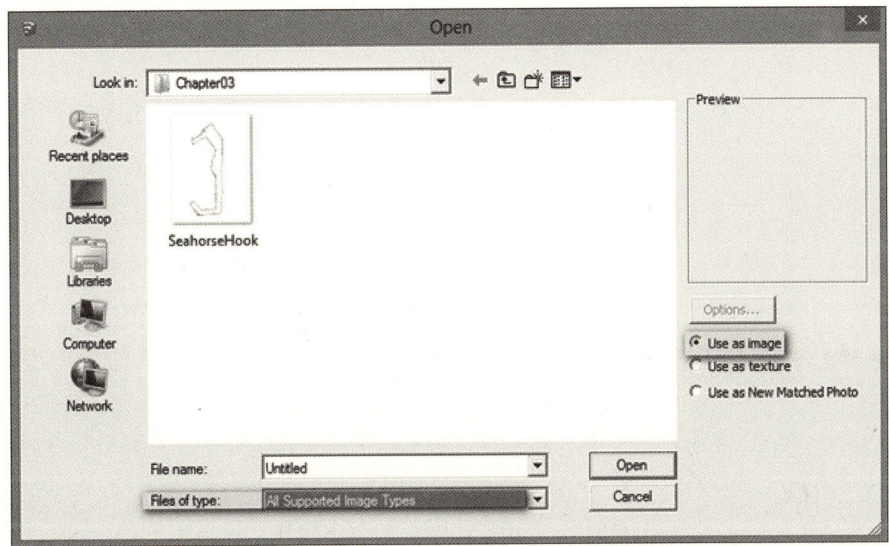

스케치업에서 원점 근처를 클릭해서 한쪽 끝을 설정한 다음, 오른쪽 위를 향해 마우스를 당겨 이미지의 크기를 설정한다. 잘 보이도록 크기를 충분히 키우고 싶겠지만, 지금은 실제 크기가 중요하지 않다.

이 이미지에 위에 바로 그리면 선이 잘 보이지 않게 되므로, 그리기 쉽게 이미지의 불투명도를 낮춰야 한다. 그러기 위해서는 이미지를 선택하고 마우스 오른쪽을 클릭해서 Explode를 선택한다. 바로 이미지를 더블 클릭해서 이미지와 가장자리가 모두 선택되게 한 다음 Make Group을 선택한다.

Materials 다이얼로그를 연다. 홈 아이콘을 클릭한 뒤 In Model 옵션을 선택한다. 이제 불러온 이미지를 선택한다. Edit 탭을 클릭해서 아래 그림처럼 opacity를 30퍼센트 정도로 낮춘다.

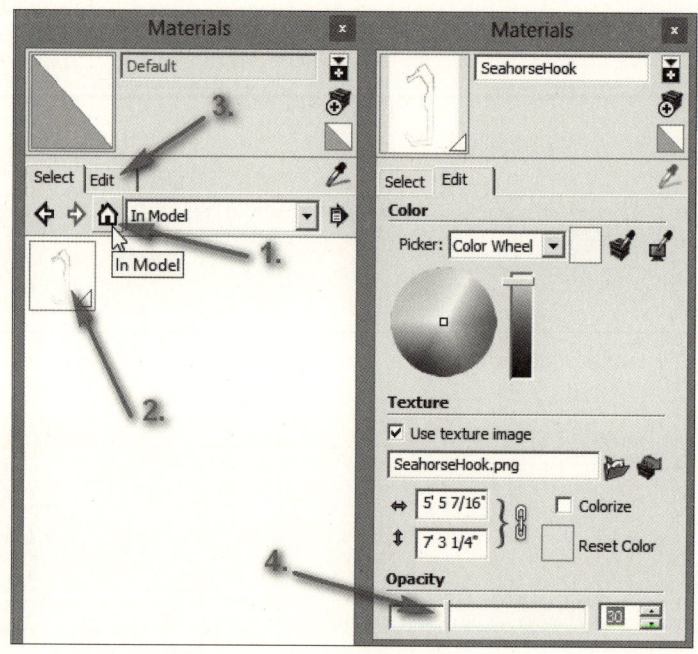

이제 이미지의 크기를 정해줄 차례다. 나는 고리의 전체 길이를 100mm로 프린트하고 싶다. 이 단계에서는 Tape Measure 툴이 빠르고 정확하다. Tape Measure 툴을 선택한 상태에서, 해마의 머리 제일 위쪽의 점을 클릭하고 Ctrl 키를 누른 뒤 고리 아래의 평평한 가장자리를 클릭한다. 바로 100mm를 입력하고 Enter 키를 누른다. 아래 그림처럼 Do you want to resize the model?이라는 메시지가 뜨면, Yes를 클릭한다.

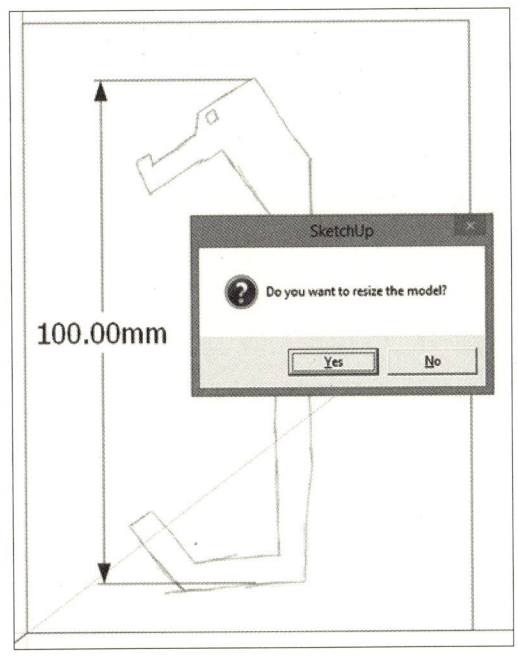

입력한 수치에 맞게 크기가 변하면서 보이지 않는 곳으로 이동할 수 있다. Zoom Extents 툴을 이용해 다시 화면 중앙으로 가져온다.

이제 그릴 준비가 끝났다. Line 툴을 사용해서 스케치를 따라 그린다. 스케치는 대략적인 가이드일 뿐 정확한 템플릿이 아니다. 스케치한 선들은 완벽한 수평이나 수직이 아닐 수 있으므로, 스케치업 프로그램에서는 스케치한 선에 일치시키는 것이 아니라, 빨간색 혹은 녹색 축에 맞춰서 수평선 혹은 수직선을 그려야 한다는 것을 명심한다.

한 점에서 시작해 한 방향으로 돌아가면서 작업해서 모든 선이 마지막 점까지 모두 연결되게 한다. 이때 끊기지 않고 빨간색 축이나 녹색 축까지 연결하는 데 ←, → 방향 키가 도움이 된다.

나는 각을 이루는 선을 그릴 때는 Protractor 툴을 사용해서 45도 각도의 가이드라인을 만들고 가이드라인을 따라 그렸다. 수평선을 그리기 위한 가이드라인은 주로 Tape Measure 툴을 사용해서 만들었다. 다음 단계로 넘어가기 전에 윤곽선이 전부 연결되어 하나의 면을 이루게 해야 한다. 해마의 눈을 마지막에 그리고 아래 그림처럼 눈의 안쪽 면을 삭제한다.

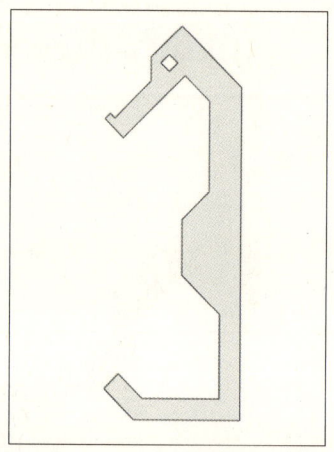

변경 이력을 저장해서 이터레이션 속도 높이기

일상에서 사용하는 많은 제품은 아이디어를 모델링하고, 시제품을 생산하며, 테스트·분석하고, 기능을 향상해서 재설계하는 과정을 거쳐서 설계된다. 이렇게 설계한 것을 만들어보고, 계속해서 개선하는 과정을 반복적 설계라 하고, 설계가 변경될 때마다 변경된 모델을 하나의 이터레이션이라 부른다.

3D 프린터를 이용해 시제품을 만들면 이 과정이 극적으로 짧아지기 때문에 **빠른 성형**rapid prototyping이라는 말이 등장했다. 설계 과정에서 생긴 모델링 이력을 저장해두면 변동 사항을 알 수 있어 좋다. DesignV1, DesignV2와 같이 버전을 바꿔가면서 파일을 저장하는 것도 변동 사항을 기록하는 한 방법이다.

나는 해마 고리처럼 단순한 모델은 수정한 복사본을 그냥 원본 스케치업 모델 내부에 저장한다. 한 단계 더 응용해서 디자인을 수정하는 도중에도 중요한 단계에 복사본을 만들어두기도 한다. 이런 방법으로 스케치부터 완전히 다시 시작하는 대신 거의 완성 직전의 상태에서도 수정할 수 있고, 초기 단계로 돌아가 거기서부터 다시 작업할 수도 있다.

이 원리를 우리 모델에 적용해보자. Move 툴과 Ctrl 키를 이용해 몇 센티미터 떨어진 곳에 방금 그린 해마 윤곽의 복사본을 만들어보자. Push/Pull 툴을 이용해 복사된 면이 튀어나오게 한다. 나는 아래 그림처럼 두께를 8mm로 했다.

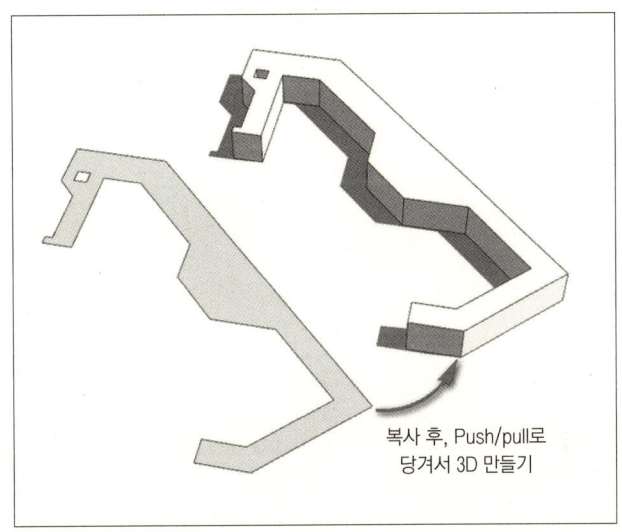

복사 후, Push/pull로 당겨서 3D 만들기

원본 윤곽선을 다시 복사하거나, 원본에서 형태를 바꾸거나 개선된 디자인으로 변경할 수 있기 때문에 윤곽선을 다시 그리는 시간을 절약할 수 있다.

모델 내보내기와 프린트하기

고리를 그룹으로 만들고, Entity Info 다이얼로그에서 solid인지 확인한 후, 2장 3D 프린팅을 위한 스케치업 설치에서 배운 과정을 진행하면, 3D 프린트를 위한 .STL 파일로 내보낼 준비가 모두 끝난 것이다.

그룹이 solid가 아니라면 그룹 내부에 면이 있는지, 빠진 면이 있는지 혹은 남는 선이 있는지 살펴본다. 내부의 면이나 남는 선은 지우고, 빠진 면은 채워 넣어야 한다. The Solid Inspector 확장 기능은 이 단계에서 문제점을 찾기에 아주 좋은 도구다. 문제 해결을 위한 추가적인 정보는 부록으로 제공되는 성공적인 3D 프린팅을 위한 리소스를 참고하기 바란다.

아래 화면에서 이 모델로부터 프린트했던 이터레이션 몇 가지를 살펴볼 수 있다.

이걸로 이번 실습을 마무리하겠다. 조금만 연습한다면 이런 간단한 프로젝트는 스케치에서 프린트까지 15분이면 할 수 있을 것이다.

벡터 아트워크 불러오기

일러스트레이터 혹은 다른 2D 드로잉 프로그램으로 이미 그려져 있는 벡터 형식의 아트워크를 사용할 수 있는 경우가 있다. 이 경우에는 스케치를 불러와서 바로 3D 모델의 베이스로 사용하기 때문에 윤곽을 그리는 지루한 작업을 덜 수 있다.

 벡터 그래픽은 우리가 아는 픽셀로 만들어진 보통의 래스터 이미지와는 다르다. 가깝게 확대하면 흐리게 보이는 래스터 이미지와는 달리, 벡터 그래픽은 크기를 바꾸거나 확대해도 전혀 품질이 떨어지지 않는다. 벡터 그래픽은 아트워크를 스케치없이 읽을 수 있는 선으로 제공하기 때문에 수동으로 이미지의 윤곽을 그리는 시간을 절약해준다. 스케치업 모델이 3D 벡터 그래픽이라 생각해도 무방하다.

2D 애플리케이션에서 아트워크를 .DXF 파일로 저장한다. 곡선을 자연스럽게 불러오기 위해서 내보내기 전에 기준점을 추가해야 할 수도 있다. 기준점을 추가하는 방법이 궁금하면 사용하는 벡터 그래픽 애플리케이션이 제공하는 문서를 참고하기 바란다. 스케치업 프로에서는 .DWG와 .DXF 형식의 불러오기를 지원하지만, 스케치업 메이크에서 .DXF 파일을 불러오기하려면 Dxf_In 확장 기능(http://sketchucation.com/forums/viewtopic.php?f=323&t=31186)을 설치해야 한다.

불러오기 과정이 항상 완벽하게 동작하는 것은 아니다. 선에 약간의 차이가 생길 수 있고, 선이 끊길 수도 있고, 다양한 다른 문제가 생길 수 있다. Edge Tools[2] 확장 기능(https://extensions.sketchup.com/en/content/edge-tools2)을 사용하면 이런 문제 해결에 도움이 된다.

불러오기를 한 뒤에 가장자리를 따라 선을 그려서, 윤곽선 내부에 면을 생성한다. 복잡한 모델의 경우에는 면을 생성하기 위해서 Make Faces 확장 기능(http://www.smustard.com/script/MakeFaces)을 사용할 수 있다.

이제 면을 당겨서 3D로 만들고, 스케치업에서 그린 것과 똑같이 작업하면 된다.

부분 크기 조절

다양한 크기로 프린트하려면, 이미지 크기를 바꿀 때 배운 것처럼 Scale 툴이나 Tape Measure 툴을 사용할 수 있다. Scale 툴은 0.5배로 줄이거나 세 배로 늘리는 것과 같이 전체 크기를 조절할 때 아주 좋다.

모델의 한 축만 크기를 조절하고 싶을 때는 Scale 툴을 이용한다. 빠르게 원하는 부분을 수정하려면, Scale 툴의 다양한 점들이 모델 크기에 어떻게 영향을 미치는지 알아야 한다.

Tape Measure 툴은 정확한 치수를 알고 있는 경우 좋은 선택이다. 예를 들어 높이를 3.5인치로 하고 싶다면, 해당 부분에서 바로 수정할 수 있다. Tape Measure을 선택한 뒤, 아무 곳이나 두 점을 잡은 후 원하는 수치를 입력하면 전체 모델의 크기가 균일하게 변경된다. 만약에 Tape Measure로 그룹 하나만 크기를 변경하려면, 해당 부분의 편집창만 열어서 크기를 조절하면 된다. 그러면 해당 그룹의 크기만 변경되고, 나머지는 크기가 그대로 유지된다.

보너스 팁: 필라멘트 프린터의 돌출부 45도 법칙

필라멘트 프린터는 돌출부에 지지대를 만들어 주거나, 돌출부를 45도 이하의 각도로 만들어야 제대로 프린트된다. 3D 프린팅은 적층 방식이라서 바로 아래 층에 쌓인 재료가 있어야 그 위에다 쌓을 수 있기 때문이다. 아래 그림에서 그 차이를 확인할 수 있다.

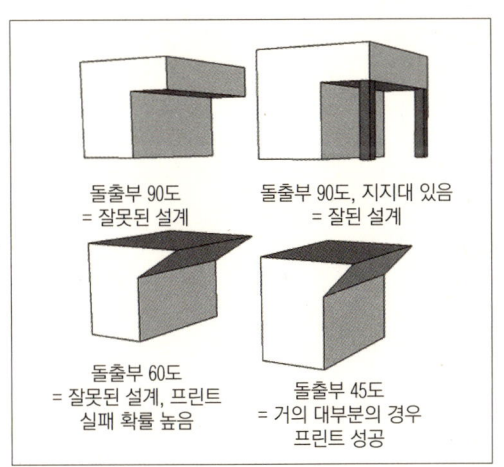

이것이 유명한 설계 법칙인 '돌출부 45도의 법칙'이다. 필라멘트 프린터를 위한 설계를 할 때는 경사를 45도 이하로 유지하면 최상의 결과를 얻을 수 있다.

위에서 보는 것처럼 길이가 짧은 경우에는 지지대를 두는 것도 괜찮은 해결책이다. 약 2~3인치 정도는 문제가 없다. 하지만 두 면의 높이가 같아야만 가능하다. 아래 그림에서 나사 구멍을 어떻게 만들었는지 살펴보자.

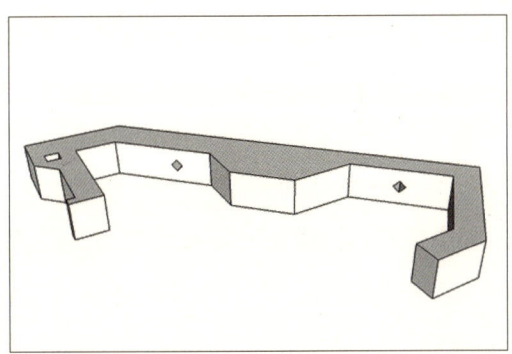

구멍이 다이아몬드 모양이라 45도 법칙을 만족한다는 것을 알 수 있다. 이렇게 구멍이 작은 경우에는 필라멘트 때문에 원형이나 다이아몬드나 큰 차이가 없지만, 구멍이 더 큰 경우에는 다이아몬드로 형태로 하는 것이 좋다.

나만의 디자인 만들기

디자인을 더 개선하기 위해서, Arc 툴이나 Roundcorner 확장 기능을 사용해서 각진 모서리를 부드럽게 만들 수 있다. 뒷면에 자석을 붙일 자리를 만들거나, 장식용으로 해마에 비늘을 넣어줄 수도 있다. 어떻게 자신만의 디자인으로 커스터마이즈할지를 생각해보자.

요약

3장에서는 이미지를 불러오고, Tape Measure 툴을 이용해서 크기 조절하는 법을 배웠다. 테두리 선을 모두 연결해서 면을 만드는 법을 배웠고 이를 3D 형태로 당기는 법도 배웠다. Tape Measure 툴과 Protractor 툴은 정확한 모델링을 위한 가이드라인을 만드는 데 유용하다.

반복적 설계가 무엇인지, 또 변경 이력을 남기기 위해서 사본을 효율적으로 저장하는 방법에 대해 배웠다.

2D 드로잉 애플리케이션에서 만든 벡터 아트워크를 불러오면 스케치업에서 드로잉 작업을 할 필요가 없다. 스케치업에서 불러오려면 아트워크를 .DWG 나 .DXF 형식으로 내보내기해야 한다.

필라멘트 프린터용 설계를 할 때의 45도 법칙에 대해 공부했다. 돌출부를 45도 이하의 각도로 유지하면 최적의 프린트 결과물을 얻을 수 있다. 길이가 짧은 경우에는, 양쪽의 높이가 같다면 지지대를 넣는 것도 좋다. 이런 원리들은 6장 휴대폰 거치대 설계에서 더 자세히 살펴보겠다.

4 모델 해상도의 이해

4장에서는 두께가 무엇인지와 원하는 두께를 만드는 몇 가지 다른 방법을 알아본다. 원과 호에 대해 배우고, 모델을 구성하는 세그먼트 개수에 따라 프린트된 모델이 어떻게 달라지는지를 공부한다. 스케치업에서 아주 작은 크기를 모델링할 때 종종 발생하는 면이 사라지는 문제에 대처하는 법을 배운다.

먼저 어려운 이론을 조금 살펴본 후에, 재미있는 부분으로 넘어가서 아래 그림의 꽃병을 모델링해보자.

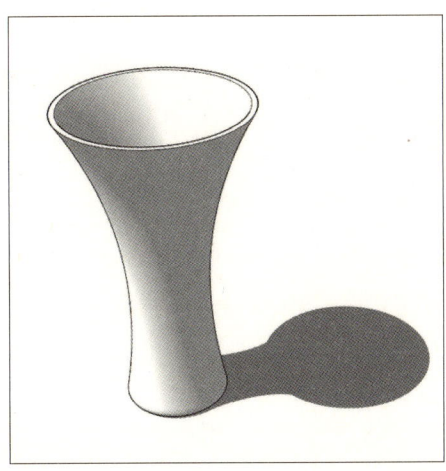

벽 두께

벽 두께wall thickness는 3D 프린팅에서 아주 중요한 개념이다. 컴퓨터로 설계할 때 물리학이 중요한 것은 아니지만, 실제로 프린트되어 세상에 나오면 자연의 법칙을 따라야만 한다.

어떤 부분이든 확대해서 화면을 가득 채우는 것은 어렵지 않다. 하지만 초보 설계자들이 흔히 겪는 문제는 실제 모델 크기를 이해하지 못한다는 것이다. 자신이 프린트한 결과물을 처음 손에 쥐었을 때, 크기 때문에 깜짝 놀라는 경우가 있다. 보통은 너무 작아서다. 마찬가지로 화면에서는 괜찮아 보이지만, 벽 두께가 너무 얇아서 실제로 프린트하면 부러지는 경우가 있다.

벽 두께는 너무 두꺼워도 안된다. 필요 이상의 소재를 사용하게 되어 비용이 많이 들기 때문이다. 설계자로서 각각의 모델에 맞는 최적의 두께를 찾아야 한다.

와이어 두께wire thickenss는 원통형의 단면 지름을 측정한 길이로, 일반적으로 벽 두께의 최솟값보다 약간 더 두꺼워야 한다. 와이어 두께가 필요한 예로 나뭇가지나, 트러스 스트럿truss strut, 슈퍼히어로 피규어의 팔 등을 들 수 있다. 한쪽 끝만 연결되 있는 나뭇가지는 비고정 와이어, 양쪽 끝이 연결된 트러스 스트럿은 고정 와이어라고 부른다.

디테일 치수detail size는 벽 두께와 관련 있다. 예를 들어 집 모형을 만든다고 가정하면, 벽 두께는 구조물의 벽의 두께를 나타내지만, 창틀이 벽에서 얼마나 나와 있는지는 디테일 치수가 될 수 있다. 일반적으로 디테일 치수는 벽 두께보다 작다.

벽 두께 및 관련 수치는 프린팅 프로세스에 따라 결정되며, 소재나 프린터 해상도에 따라 달라진다. 프린트 서비스를 사용하는 경우에는, 웹 사이트에서 기술 명세서를 살펴보기 바란다. 데스크톱 프린터를 사용하는 경우 프린터가 지원하는 노즐 크기와 적층 두께에 따라 프린트 해상도가 달라진다.

그 예로 아래 그림은 웹 사이트(www.shapeways.com)의 Strong & Flexible Plastics에 나와 있는 벽, 와이어, 디테일의 최솟값에 대한 설계 가이드라인 목록의 일부를 보여준다.

```
Strong & Flexible Plastics

Material Overview    Design Guidelines

Min Wall Supported: 0.7mm
Min Wall Free: 0.7mm
Min Wire Supported: 0.8mm (Unpolished) · 0.9mm (Polished & Dyed)
Min Wire Free: 1.0mm
Min Embossed Detail: 0.2mm (0.5mm is recommended for readable text)
Min Engraved Detail: 0.2mm (0.5mm is recommended for readable text)

Screencap courtesy of www.shapeways.com
```

그림에서 보듯이 최소한으로 요구되는 두께가 있다. 표시된 값보다 작게 설계해서는 안되며, 보통은 조금 더 크게 설계해야 한다.

이제 모델링을 해보자!

꽃병 모델링

꽃병 모델링은 간단하면서도 벽 두께나 모델 해상도(모델 해상도는 적층 두께를 의미하는 해상도와는 다른 개념이다)를 이해하고, 돌출부에 대한 지식을 쌓는 데 도움이 되는 유익한 실습이 될 수 있다. 꽃병에 손잡이를 추가해보면, 여러 개의 솔리드를 하나로 결합하기 위해서 Outer Shell 명령어를 사용하는 법을 알게 될 것이다.

내가 꽃병을 만들었던 순서와 과정에 따라 진행할 예정이니, 스케치업으로 직접 따라해보자.

프로파일 생성

꽃병을 모델링하는 방법은 다양하겠지만, 가장 쉬운 방법이 Follow Me 툴을 사용하는 것이다. 첫 번째 단계는 아래 그림처럼 꽃병의 절반에 해당하는 프로파일을 만드는 것이다.

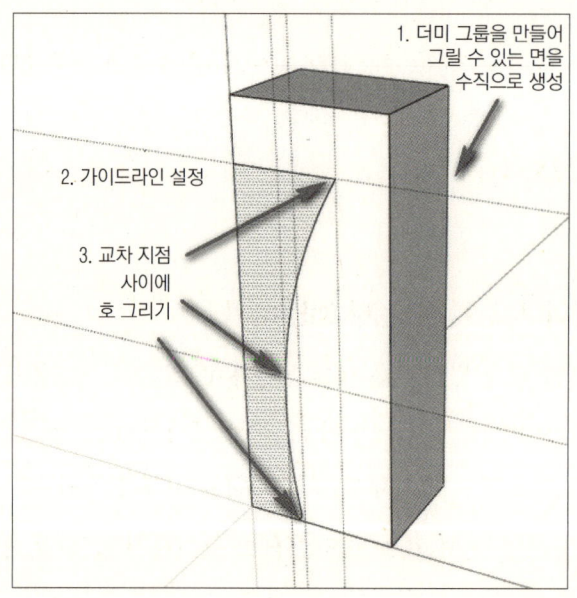

그림을 살펴보자. 가장 먼저 꽃병 프로파일보다 큰 임시 직육면체를 그려서 그룹으로 만들었다. 프로파일이 빨간색과 파란색 축과 완벽하게 평행하도록 수직인 면을 만들어서 그 위에다 그릴 수 있게 한 것이다. 직육면체를 그룹으로 만들어서 새로 그리는 것과 구분되게 하면, 다음 단계에서 수평 혹은 수직의 가이드라인을 그릴 때 직육면체의 가장자리를 이용할 수 있다.

두 번째 단계로 꽃병의 상단 끝과 허리 부분에 해당하는 지점에 Tape Measure 툴을 이용해서 수평 가이드라인을 그렸다. 그리고 꽃병의 상단 끝, 하단 끝, 허리에 해당하는 지점에 수직 가이드라인을 그렸다. 이 가이드라인들이 서로 만나는 점들로 다음 단계에서 호를 그릴 수 있다. 이 시점에는 정확한 치수보다는 프로파일의 비율이 중요하지만, 참고로 더미 직육면체 높이는 150mm로 했다.

Arc 툴을 이용해서 꽃병의 상단, 중앙, 하단의 교차 지점을 연결했다. 그리고 Line 툴로 상단의 가장자리, 수직 중앙선, 하단의 꽃병 바닥 선을 그렸고, 곡선과 연결해 앞의 그림에서 색칠된 면을 생성했다.

모든 선이 끊어진 부분 없이 연결되고 하나의 평면 위에 존재한다면 면이 생성된다. 이래서 더미 직육면체가 유용하다. 공중에 그리는 것보다는 면에 그리는 게 훨씬 쉽기 때문이다.

확대해서 면이 사라지는 문제 예방하기

크기가 작은 모델에서 Follow Me 명령을 수행할 때, 스케치업에서 일부 혹은 전체의 면이 생성되지 않는 경우가 많다. 이를 예방하기 위해서는, 기억하기 쉽게 100배 정도로 모델을 확대해서 해당 명령을 수행하면 된다.

Scale 툴을 이용하면 모델 전체 혹은 일부의 크기를 변경할 수 있지만, 작업 중인 크기를 잊어버리기가 쉽다. 그래서 쉽게 기억하기 위해서 사용하는 간단한 방법이 있다. 다음 그림에서 50mm 선을 살펴보자.

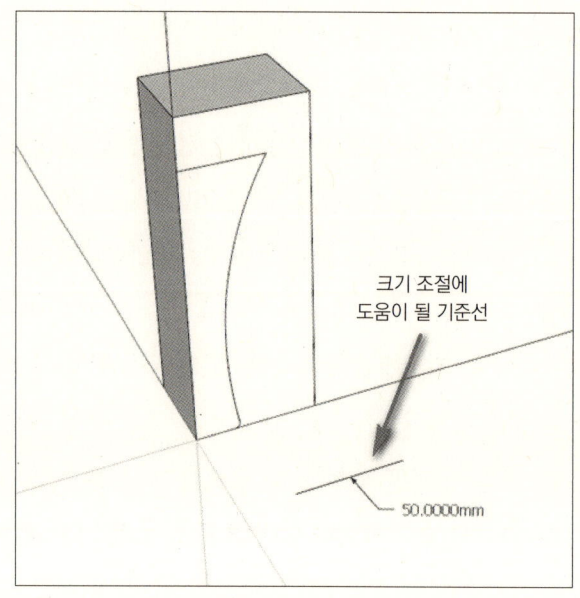

크기 조절에
도움이 될 기준선

50.0000mm

원래 모델이 있던 자리에 기준선을 그렸다. 그리고 메뉴의 **Tools > Text**에서 **Text** 툴을 선택하고, 기준선의 가운데를 클릭한다. 기본적으로, **Text** 툴은 선과 같은 길이의 라벨을 생성하므로 길이를 쉽게 기억할 수 있게 해준다. 길이는 중요하지 않다. 그냥 길이가 일정하고, 눈에 잘 보일 만큼만 길면 된다.

확대하려면, Tape Measure 도구를 사용해서 한쪽 끝을 먼저 클릭하고 반대쪽을 클릭한다. 새로운 치수를 입력하고 **Enter** 키를 친다. 5,000mm로 해보자. 크기를 바꾸겠느냐는 팝업이 뜨면 **Yes**를 클릭한다.

이제 면이 사라지는 문제 없이 작업을 진행할 수 있다. 모델링이 끝나면 다시 한 번 Tape Measure 도구를 사용해서 크기를 다시 조절한다. Text 툴로 앞서 입력한 값을 이번에는 50mm로 변경하자.

벽 두께 생성

이번 실습에서는 꽃병의 벽 두께를 2mm로 만들어보겠다. 원본 꽃병 프로파일을 저장한 후에 빨간색 축을 따라서 프로파일 사본을 두 개 만든다. Undo 명령어를 사용해야만 이전 상태로 돌아갈 수 있기 때문에 백업용으로 이렇게 사본을 만들어 두는 것이다. 3장 2D 스케치로 3D 모델링하기에서 배웠듯이, 중요한 작업 이전에 스케치업 파일 내부에 사본을 만들면 변경 이력이 남기 때문에, 앞 단계로 돌아가 다르게 변경하고 싶을 때 이용할 수 있다.

바닥선과 오른쪽 호를 모두 선택한 후, **Offset** 툴을 사용해 안쪽으로 2mm 들여서 오프셋을 준다. 이렇게 하면 원하는 벽 두께를 만들 수 있다. 불필요한 선을 모두 지우고, 아래 그림과 같이 두께가 일정하게 2mm인 프로파일만 남겨둔다.

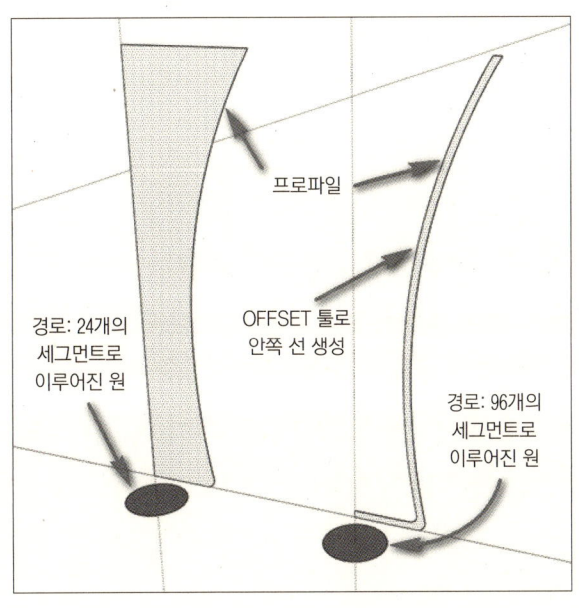

불필요한 선을 모두 지우는 것은 중요하다. 남아 있는 선 때문에 솔리드 상태가 되지 않을 수 있기 때문에, 확대해서 작은 선까지 다 지웠는지 확인해야 한다.

각각의 프로파일의 중앙선을 지나는 수직 가이드라인이 보일 것이다. 가이드라인을 만든 후 이를 이용해 원을 만들면, 다음 단계에서 Follow Me 툴의 경로로 사용할 수 있다.

원의 속성 이해

다음 단계의 이해를 위해서, 모델링은 잠시 접어두고 이론 이야기를 조금 해보자. 스케치업의 원과 호는 수많은 선으로 이루어져 있다. 원을 그려서 크게 확대해보면 이 사실을 알 수 있다. 디폴트로 원은 24개의 세그먼트, 호는 12개의 세그먼트로 이루어져 있다. 이것은 모델 해상도에 관해 이야기할 때에 중요한 개념이다.

반지름이 50mm인 원을 그린다면, 원을 이루고 있는 각각의 세그먼트의 길이가 약 13mm다. 반지름이 5mm인 원을 그리면, 세그먼트 길이는 1.3mm가 된다. 그리고 이 두 개의 원을 당겨서 각각 원통으로 만들면, 세그먼트가 원통의 측면을 형성한다. 아래 그림과 같이 큰 원통은 측면의 길이가 13mm라서 눈에 잘 보이겠지만, 작은 원통은 측면 길이가 1.3mm라서 잘 보이지 않을 것이다.

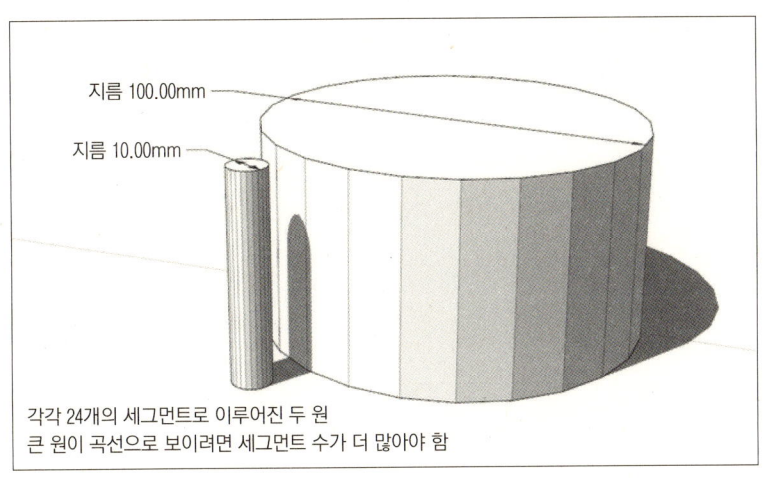

각각 24개의 세그먼트로 이루어진 두 원
큰 원이 곡선으로 보이려면 세그먼트 수가 더 많아야 함

입체로 만들기 전에 스케치업에서 원이나 호를 구성하는 세그먼트 수는 쉽게 바꿀 수 있다(원의 세그먼트 변경에 대한 자세한 사항은 웹 사이트(http://help.sketchup.com/en/article/94740)에서 도움말을 참고하기 바란다). 입체로 만든 뒤에는 해상도를 바꿀 수 없으므로, 시작할 때 해상도에 대해 생각해두는 것이 좋다.

곡선의 세그먼트 길이에 따라 결정되는 것이 바로 모델 해상도다. 모델 해상도는 모델의 프린트 이후 모양에 영향을 미친다. 더 부드러운 모델을 만들려면 곡선을 이루는 세그먼트 수를 늘려야 한다. 일반적으로 세그먼트 길이가 1mm 이하면 프린트 후에 세그먼트가 눈에 띄지 않지만, 해상도가 높은 프린트를 사용할 경우에는 0.1mm 이하가 되게 해상도를 줄여야 할 수도 있다. 해상도가 높은 프린터에서는 측면이 더 선명하게 보이기 때문에, 곡선을 매끄럽게 보이게 만들려면 세그먼트 수를 늘려야 한다.

마법을 만드는 Follow Me 툴

이제 재미있는 부분이다! 경로가 될 원을 선택한 후에 Follow Me 툴을 선택하고, 해당 프로파일을 클릭한다. 나머지 프로파일도 똑같이 진행해서 아래 그림과 같이 두 개의 꽃병을 만든다.

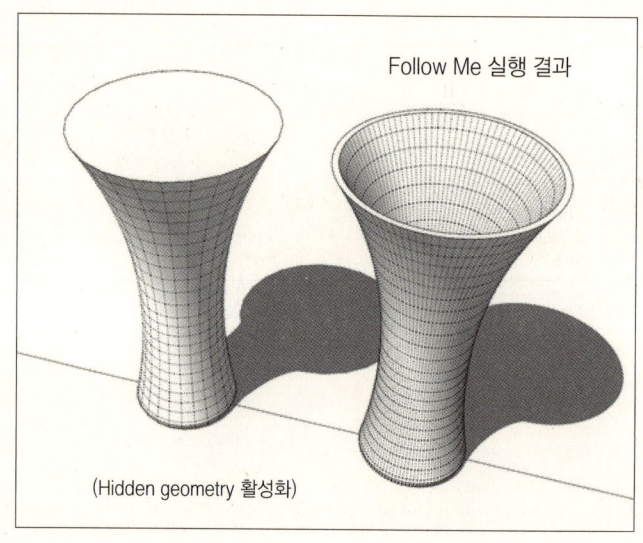

Follow Me 실행 결과

(Hidden geometry 활성화)

멀리서 보면 별 차이가 없어 보이겠지만, 앞서 그림에서 경로가 되는 원의 차이점을 기억할 것이다. 왼쪽 원은 세그먼트 수를 디폴트인 24개로, 오른쪽 원은 96개로 설정했다.

오른쪽 모델이 어떻게 세그먼트 수가 더 많은지 한 번 확인해보자. 모델 해상도가 높으면, 3D로 프린트했을 때 훨씬 더 부드러워 보인다. 또 세그먼트가 수가 많아지면 더 정확한 곡선이 만들어진다.

현명한 독자라면 경로의 세그먼트뿐 아니라 프로파일의 세그먼트도 늘릴 수 있으며, 프로파일의 세그먼트까지 늘리면 매우 정확한 모델링을 할 수 있다는 것을 눈치챘을 것이다. 입체로 만들기 전에 세그먼트만 조정해주면, 어떤 곡선도 해상도를 마음대로 바꿀 수 있다.

예술적인 이유나 다른 이유로 매끈하게 프린트되는 것을 원하지 않는 경우도 있을 것이다. 그런 경우에는 경로 해상도를 낮게 설정해도 좋다.

아래 그림의 꽃병들은 모두 같은 프로파일을 이용했지만, 각각의 꽃병 아래에 보이는 숫자에 따라 경로 세그먼트의 개수가 설정되었다는 것을 알 수 있다.

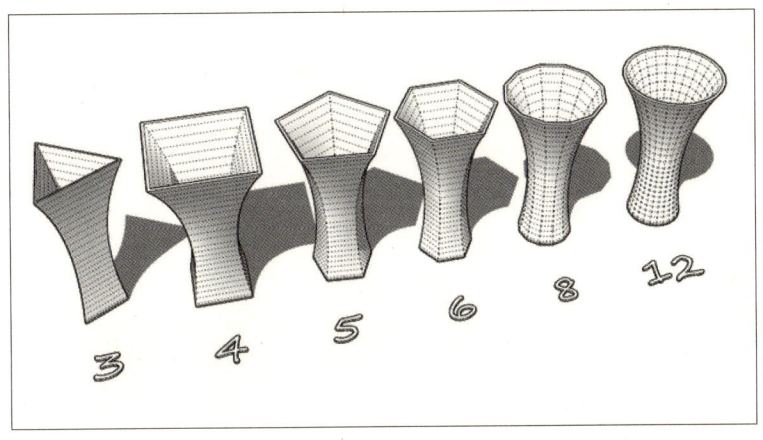

벽 두께와 마찬가지로 곡선에 사용된 세그먼트 수도 적절한 값을 찾아야 한다. 세그먼트 수가 너무 많으면 파일 사이즈가 커지고, 프로세싱 시간이 늘어나며 작은 면이 사라지는 문제가 생길 수 있다. 반면 세그먼트 수가 너무 적으면 측면에 면이 생기고, 정교하지 못해 보인다.

데스크톱 필라멘트 프린터 사용자를 위한 보너스 팁

꽃병 하나는 속이 꽉 차있는 반면 두께 2mm의 꽃병을 우리가 어떻게 만들었는지 생각해보자. 실제로 데스크톱 필라멘트 프린터에서는 속이 꽉 찬 꽃병이 더 프린트가 잘 된다. 프린터에 속을 채우라고 명령을 내리는 것이 아니라, 원의 둘레를 따라 정확히 몇 번을 지나가야 할지를 알려주기 때문이다. 계속해서 읽어나가다보면, 이 방법으로 프린트한 꽃병의 결과물을 사진으로 볼 수 있다.

Outer Shell 툴로 솔리드 합치기

모델에 중요한 부분을 추가할 때는, 모델링 프로세스가 끝날 때까지 각 부분을 따로 작업한 뒤에 프린트 가능한 최종 솔리드 모델로 합치는 편이 좋다는 것을 알게 되었다. 이전 단계로 돌아가 수정할 부분이 있을 때 이러한 접근법을 이용하면 각 부분을 쉽게 수정할 수 있다.

예를 들어 꽃병에 손잡이를 추가한다고 생각해보자. 먼저 빨간색 축을 따라서 꽃병을 복사하고 그룹으로 만든다. 계속하기 전에 그룹이 솔리드인지 확인한다.

아래 그림에서 꽃병의 중간을 관통하는 더미 그룹을 만들었다. 이렇게 하면 아래처럼 손잡이를 만들 경로를 그릴 수 있는 면이 만들어진다.

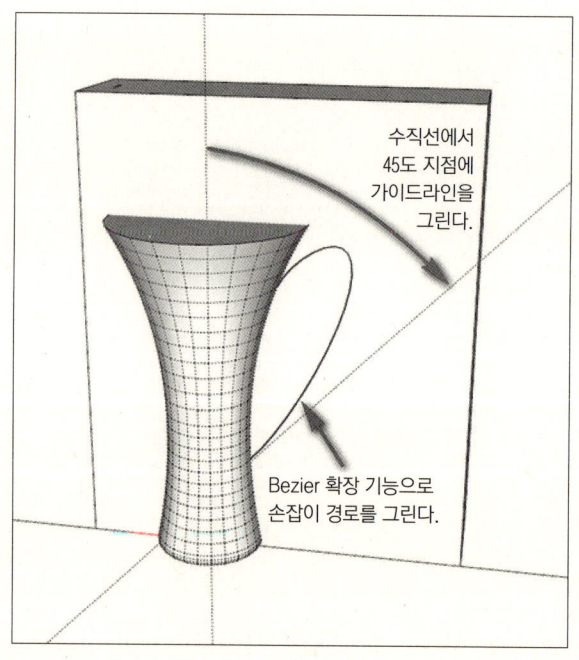

손잡이의 경로를 그리기 위해 웹 사이트(http://sketchucation.com/forums/viewtopic.php?t=13563)에서 fredo6의 BezierSpline 확장 기능을 사용했다. 이 확장 기능을 사용하면 곡선을 그릴 때 Arc 툴을 사용하는 것보다 자유롭게 작업할 수 있다.

3장에서 데스크톱 필라멘트 프린트를 사용할 때의 돌출부 45도 법칙에 대해 배웠다. 집에서 이 꽃병을 프린트하고 싶었기 때문에, 수직선에서 45도 지점에 가이드라인을 설정했다. 손잡이가 가이드라인의 각도를 넘어가지 않으면 제대로 프린트될 것이기 때문이다.

다음 단계는 손잡이의 프로파일을 그리는 것이다. 반지름 2mm에 세그먼트가 6인 원(아래 그림에서 경로의 바닥 부분)을 사용했다. 더미 그룹을 지우고, Hide 명령어를 사용해(객체에서 마우스 오른쪽을 클릭해서 Hide를 선택하거나, 메뉴에서 Edit > Hide) 일시적으로 꽃병의 프로파일과 경로를 보이지 않게 했다.

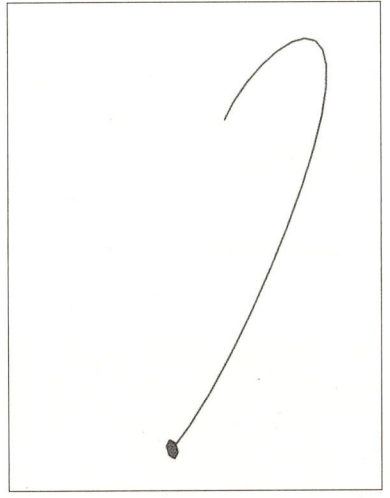

Follow Me 명령어를 수행해, 그 결과로 생긴 손잡이를 그룹으로 만든다. 꽃병을 다시 보이게 한다(메뉴의 Edit > Unhide > Last). 손잡이를 살짝 이동해, 아래 그림처럼 손잡이의 끝 부분이 꽃병 그룹 안쪽으로 완전히 들어가게 한다.

꽃병 반대쪽에 손잡이를 복사한다. 손잡이에서 마우스 오른쪽을 클릭하고 Flip Along > Group's Red를 선택해서 손잡이의 반전된 이미지를 만든다. 다시 한 번 손잡이를 이동해서 끝 부분이 꽃병 그룹의 안쪽으로 완전히 들어가게 한다.

이제 꽃병과 두 개의 손잡이까지 총 세 개의 솔리드 그룹이 생겼다. 세 개 모두 빨간색 축을 따라 복사해서, 중요 단계의 이력을 남기게 한다. 이제 Outer Shell 커맨드를 사용해서 아래 그림처럼 하나의 솔리드 객체로 합치는 일만 남았다. .STL 파일로 내보내면 프린트할 준비가 된 것이다!

프린트 가능

아래 그림에서, 데스크톱 필라멘트 프린터에서 최종적으로 프린트된 꽃병을 볼 수 있다. 비율 50퍼센트, 적층 두께 0.3mm, 1쉘(가장자리 두께), 채우기 0, 최상층 없음으로 설정했다.

첫 시도치고는 성공적으로 프린트되었다! 45도 법칙을 따라 손잡이 디자인했더니 의도한 대로 나왔다. 손잡이 윗부분이 연결되는 부분에 도달했을 때, 프린트가 짧은 거리를 이어 주었기 때문이다. 만약에 속도를 좀 더 낮추었다면, 아래의 층이 식을 시간이 생겨 더욱 부드러운 손잡이를 만들 수 있었을 것이다.

꽃병 안쪽에 면이 보이는 것을 알 수 있다. 이제 여러분도 경로 세그먼트 수를 늘리면 면이 생기지 않게 할 수 있다는 것을 알 것이다. 해상도가 높은 프린터라면 면이 더욱 눈에 띄겠지만, 필라멘트 프린터에서는 이러한 현상이 다소 완화된다. 각이 있는 모서리를 돌아갈 때, 플라스틱이 살짝 구부러지기 때문이다.

보너스: 그 외의 벽 두께 생성 방법

고른 벽 두께를 생성하기에 가장 쉬운 방법은 아마도 4장의 앞부분에서 배운 offset 툴을 이용하는 것이다. 하지만 항상 이 방법이 효과가 있는 것은 아니다. 여기서는 벽 두께를 생성하기 위한 더 많은 방법을 알아보겠다.

좌우가 대칭인 모양이라면, 복사/붙여넣기로 그 자리에 사본을 만들고, Scale 툴을 이용해서 사본을 작게 만든다. 가운데를 기준으로 크기를 조절하거나 다양한 방식을 선택적으로 사용해서, 복사본을 일정 거리만큼 떨어지게 하면 벽을 만들 수 있다.

간단한 예로 정육면체를 생각해보자. 원본이 사본과 하나가 되지 않게 그룹으로 만든 후, 그 자리에 복사/붙여넣기로 사본을 만들고, 100퍼센트보다 작은 비율로 축소하면 내부에 벽의 안쪽 면이 생긴다. 그룹을 해제하고 복사본의 면을 반전시킨 후에, 원본에 벽면을 연결해야 한다. 그러면 일정한 벽 두께를 만들 수 있다.

JointPushPull Interactive 확장 기능도 벽 두께를 생성하는 데 도움이 된다. fredo6가 제작한 이 확장 기능은 SketchUcation 사이트(http://sketchucation.com/forums/viewtopic.php?p=496773)에서 받을 수 있다. 복잡한 기하학 구조에서 두께를 생성하려면, 7장 지형 삽입 및 컬러 인쇄에서 이 확장 기능의 사용법에 대한 자세한 정보를 참고하기 바란다.

요약

4장에서는 벽 두께와 두께를 생성하는 몇 가지 방법을 배웠다. 연습을 통해서 소재를 낭비하지 않으면서도 튼튼한 벽 두께를 찾는 법을 배울 수 있을 것이다.

곡선에서 세그먼트 수를 늘리면 어떻게 해상도가 좋아지는지, 또 프린트에 맞는 모델 해상도를 어떻게 찾는지에 대해 공부했다.

면이 너무 작으면 스케치업이 제대로 동작하지 않는다는 것을 배웠고, 확대해서 작업한 뒤 빠르고 정확하게 다시 축소하는 간단한 비법을 배웠다. 마지막으로 별도의 솔리드로 관리하면 모델의 주요 특징을 유지하면서 모델링 과정의 끝까지 쉽게 수정할 수 있다는 것을 알았다. 나중에 프린트할 때, Outer Shell 명령어를 이용해서 여러 개의 솔리드를 하나로 묶을 수 있다.

5장에서는 우리가 만든 모델을 어떻게 저장하고 재활용하는지 배운다. 또 다른 설계자들이 무료로 제공하는 3D 모델을 다운로드할 수 있는 웹 사이트에 대해 알아보고, 사용자의 필요에 맞게 수정하는 법도 배워본다.

5
기존 모델 활용

컴퓨터 프로그램에서 시간 절약에 가장 도움이 되는 기능인 복사와 붙여넣기는 스케치업에서도 똑같이 동작한다. 모델 내부에서 복사해서 붙여넣을 수도 있고, 모델 사이에도 가능하다. 컴포넌트 기능을 활용하면 모델링 단계 사이사이에 스케치업 모델을 쉽게 재사용할 수 있다.

여러분도 잘 알고 있듯이 인터넷의 복사, 붙여넣기 기능은 파일 공유 사이트로 진화해왔다. 사람들이 자신의 사진을 보여주기 위해서 인스타그램 같은 SNS를 사용하는 것처럼, 3D 설계자들은 모델 공유 웹 사이트에 자신의 작품을 전시할 수 있다. 게다가 모델 공유 사이트를 이용하는 다른 사용자가 모델을 다운로드해서 새로운 모델을 만들 수도 하고, 좋아요나 다운로드 수 등을 통해 인기도가 측정된다.

자신이 3D로 프린트하고 싶은 건 뭐든 모델링할 수 있는 기술이 있다면 당연히 좋겠지만, 기존의 모델을 다운로드해서 시간을 절약하는 경우가 많다. 가장 많이 쓰이는 .STL 형식 모델이 스케치업 모델과 아주 비슷한 구조이기 때문에 스케치업은 .STL 모델을 작업하기에도 좋고, 기존의 .STL 형식으로 된 모델을 수정하기에도 가장 좋은 툴이라고 볼 수 있다.

5장에서는 직접 만든 모델을 재사용하는 사례를 살펴보고, 인터넷에서 다운로드한 모델로 작업하는 방법을 알아본다.

스케치업 컴포넌트 활용으로 시간 절약하기

다음과 같은 상상을 해보자. 작은 회사를 운영하는 살 씨는 커스터마이즈된 아이폰 케이스를 판매한다. 고객이 선택한 색상으로 휴대폰 케이스에 고객 이름을 프린트하기 위한 주문을 받는다.

살 씨는 질 좋은 케이스를 만들기 위해서 캘리퍼스calipers로 자신의 아이폰을 정확히 측정해, 전체 치수와 전원 잭, 음량 버튼, 카메라 같은 부분의 위치를 파악했다. 측정한 데이터를 바탕으로 스케치업에서 휴대폰 케이스를 모델링하고, 프린트해서 맞는지 끼워보았다. 첫 번째 케이스가 너무 딱 맞아서 스케치업에서 치수를 늘려 다시 프린트해보았다. 스케치업 수정부터 프린트까지 네 번의 이터레이션을 거친 후에, 케이스가 휴대폰에 딱 맞아 들어갔고, 뚫려 있는 부분들이 휴대폰을 넣었을 때 딱 맞았다. 살 씨는 자신이 만든 케이스에 만족했다.

 원하는 결과를 정확하게 얻을 때까지 살 씨가 프린트하고, 테스트한 뒤 다시 디자인했던 일련의 과정들은 제품 설계의 전형적인 모습이다. 데스크톱 프린트를 보유하고 있다면 정말 좋은 분야가 바로 제품 설계다. 프린트 전의 대기 시간이 거의 제로에 가까워지기 때문이다. 더 좋은 품질의 출력물을 갖고 싶다면 Shapeways나 i.materialise와 같은 프린트 서비스에서 주문하는 방법도 있다.

컴포넌트로 모델 저장

원본 폰 케이스를 모델링한 후에, 살 씨는 이를 컴포넌트로 저장했다. 스케치업에서 컴포넌트는 그룹과 비슷하지만 몇 가지 고급 기능을 가지고 있다. 그 기능들은 다음과 같다.

- 별도의 스케치업 모델로 컴포넌트를 저장할 수 있다.
- 모델 내의 컴포넌트 사본 중 하나를 수정하면 모든 사본이 변경된다
- 컴포넌트를 관리하는 Components창을 사용할 수 있다.
- 사용자의 컴퓨터에 컴포넌트 로컬 컬렉션을 생성하고, 여기에 접근한다.

아래의 그림에서 Components창을 자세히 살펴보자.

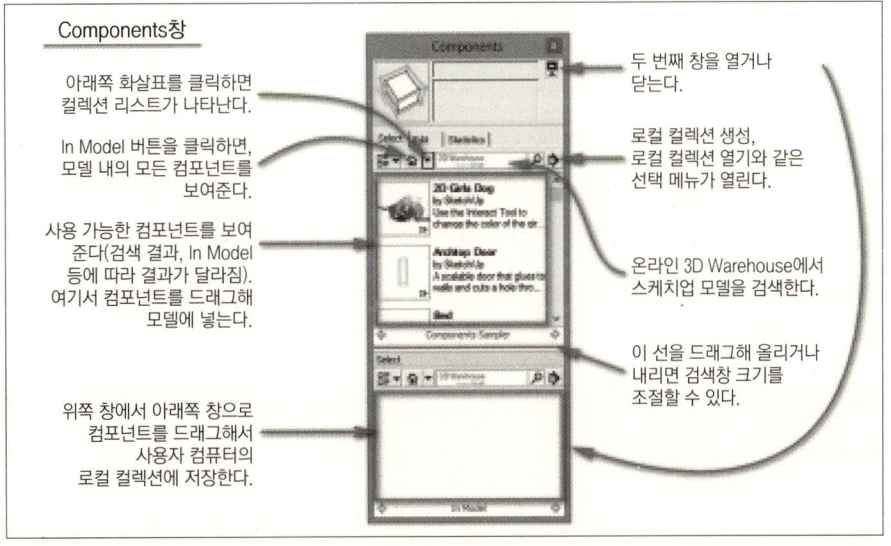

모델 내에 컴포넌트를 한 번 만들어두면, Components창에서 사용할 수 있다. 여기서 드래그해서 그리기창에 사본을 만들 수 있다. Components창의 첫 번째 창 아래에 두 번째 창을 열 수도 있고, 창에서 창으로 드래그하면 생성한 컴포넌트를 사용자 컴퓨터의 로컬 컬렉션에 저장할 수 있다.

실습을 위해 휴대폰 케이스 대신 간단한 상자로 아래 단계를 따라해보자.

1. 휴대폰 케이스를 컴포넌트로 만들어 iPhone 5S Blank Case라는 이름으로 저장한다.
2. Components창의 In Model 버튼을 클릭해서 휴대폰 케이스 컴포넌트가 보이게 한다.
3. 두 번째 창이 보이게 열어준다.
4. 두 번째 창의 오른쪽 화살표를 클릭한 후, 로컬 컬렉션을 생성하거나 로컬 컬렉션을 연다. 그리고 원하는 폴더를 찾는다.
5. 이제 두 번째 창은 지정된 폴더를 나타낸다. 위쪽에 있는 창에서 두 번째 창으로 휴대폰 케이스를 드래그한다. 자! 이제 휴대폰 케이스가 사용자 컴퓨터의 로컬 컬렉션에 저장되었다.

다음 번에 이 컴포넌트가 필요하면, Components창에서 해당 컬렉션을 열면 바로 모델에 넣을 수 있다.

컴포넌트를 저장하는 다른 방법 하나는 단순히 컴포넌트에서 오른쪽 마우스를 클릭해 Save as를 선택하고 저장하고 싶은 폴더를 지정하는 것이다.

온라인 3D 모델 공유 사이트

공유 웹 사이트에서는 다른 사용자들이 업로드한 3D 모델을 관리한다. 수십 개의 사이트가 있다. 일부 사이트는 무료로 사용할 수 있으며, 일부는 유료로 다운로드할 수 있다. 아래 세부 내용에서 가장 유명한 사이트 세 곳에 대해 알아보겠다.

Thingiverse

3D 프린터 제조사인 메이커봇(Makerbot)이 운영하는 Thingiverse(http://www.thingiverse.com/)는 지금까지 가장 인기가 많은 3D 프린팅 모델 사이트다. 모델 대부분은 무료로 제공되지만, 공짜 모델의 경우에도 업로드 시 사용 제한을 설정하게 되어 있다. 예를 들면 '상업적 목적으로 이용하지 않는다'와 같은 것이다.

대부분 모델은 .STL 형식이며, 바로 다운로드 및 프린트할 수 있다. .SKP를 포함한 거의 모든 형식의 모델을 업로드할 수 있다.

3D Warehouse

3D Warehouse(http://3dwarehouse.sketchup.com)는 스케치업의 모델 저장소다. 3D Warehouse는 놀라울 만큼 광범위하다. 스타워즈의 X-Wing 모델이나 다양한 유니폼에 다양한 동작을 취하는 사람들부터 건축용 모델과 유용한 가정용 객체들까지 3D Warehouse에는 없는 게 거의 없다.

모든 모델이 .SKP 형식 혹은 스케치업에서 호환되는 형식이기 때문에, 파일 변환 없이 스케치업에서 열 수 있다. 인터넷 검색창에서 모델을 다운로드하거나 Components창에서 바로 스케치업 모델로 다운로드할 수 있다.

3D Warehouse에 있는 모델 대부분은 보여주기 위해 만든 것이기 때문에, 3D 프린트로 생각한 것처럼 만들어지지 않을 수 있다. 프린트가 가능하도록 수정하거나, 새로 그려야 할 수도 있다. 다시 그리는 편이 빠른 선택인 경우가 많다. 하지만 다시 그려야 하는 경우라도 작업을 시작할 모델이 있고, 이를 참고해서 작업할 수 있기 때문에 시간을 절약할 수 있다. 기존 모델을 이용해 모델을 새로 만드는 것은 8장 3D 프린팅 건축 모델링에서 다룬다.

GrabCAD

GrabCAD(https://grabcad.com/)는 전문 엔지니어들이 좋아한다. 모델 대부분이 품질이 뛰어난 기계식 모델이다. 스케치업에서 호환되는 형식은 상대적으로 아주 적지만, 모델을 올린 사람에게 메시지를 보내서 정중하게 요청한다면 스케치업에서 불러올 수 있는 .STL과 같은 형식으로 모델을 변환해주기도 한다.

사례 연구: 고프로 렌치 수정

김 씨는 Thingiverse 사이트에서 고프로GoPro 카메라를 조일 수 있는 마음에 드는 렌치를 발견했지만, 손잡이가 더 길었으면 했다. 해당 렌치의 링크는 다음(http://www.thingiverse.com/thing:185739)과 같다.

단순히 모델의 크기를 조절하는 것은 Netfabb(www.netfabb.com)와 같은 프로그램을 이용하거나 데스크톱 프린터의 슬라이싱 프로그램을 이용하면 쉽게 할 수 있다. 모델을 확대하면 손잡이 길이는 늘어나겠지만, 똑같은 비율로 렌치 헤드도 커지므로 원래의 목적으로 사용하기에는 너무 커진다. 김 씨는 스케치업을 사용해서 쉽게 손잡이 길이만 늘릴 수 있었다.

김 씨는 .STL 파일을 다운로드해서 스케치업에서 파일을 열었다. 김 씨가 주로 사용하는 스케치업 8에는 2장 3D 프린팅을 위한 스케치업 설치에서 배웠던 merge coplanar faces 옵션이 없다. 따라서 이 모델은 .STL 파일에서 흔히 사용하는 삼각법이 사용되었다. 아래의 그림과 같은 모습이다.

김 씨는 불러온 렌치의 치수를 바로 확인해보았다. 자신의 고프로 렌치와 크기가 맞는지 보기 위해서였다. 다행히 치수가 같았다. 만약에 치수가 달랐다면, 3장 2D 스케치로 3D 모델링하기에서 배운 것처럼 Import Options에서 단위가 정확한지 확인을 하거나, Tape Measure 툴로 크기를 다시 조절해야 했을 것이다.

삼각법을 사용한 모델은 작업이 더 까다롭기 때문에, 김 씨는 CleanUp 확장 기능을 사용해 불필요한 선들을 삭제했다. CleanUp 확장 기능은 여기(http://extensions.sketchup.com/en/content/cleanup%C2%B3)에서 내려받을 수 있다. **Erase Stray Edges** 옵션을 선택하고 해당 확장 기능을 동작시키면, 모델이 아래의 그림과 같아진다.

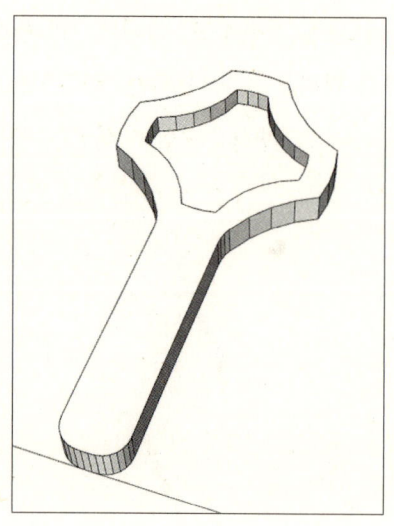

손잡이를 늘리기 위해서, 김 씨는 손잡이 끝을 이루는 모든 선과 면을 선택했다. Select 툴을 선택한 상태에서, 아래 그림처럼 왼쪽에서 오른쪽으로 선택 상자를 만들면 빠르게 선택할 수 있다.

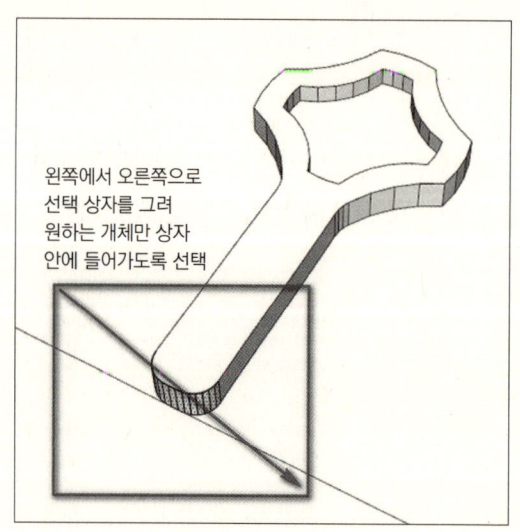

다음으로 김 씨는 Move 툴을 선택하고, 선택한 개체들을 녹색 축(Y축) 방향을 따라 움직여서, 손잡이가 원하는 길이가 되게 했다. Tape Measure 툴을 사용해서 길이를 확인했다. 아래 그림에서 손잡이 길이가 길어진 것을 볼 수 있다.

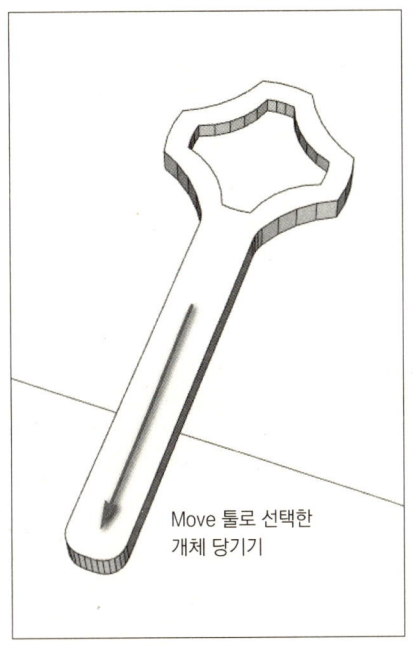

Move 툴로 선택한
개체 당기기

김 씨는 최종 단계에서 재료를 조금 제거하면 무게를 줄일 수 있다는 생각이 들었다. Offset 툴을 이용해서 아래 그림처럼 렌치의 헤드 중앙에 새로운 면을 생성했다.

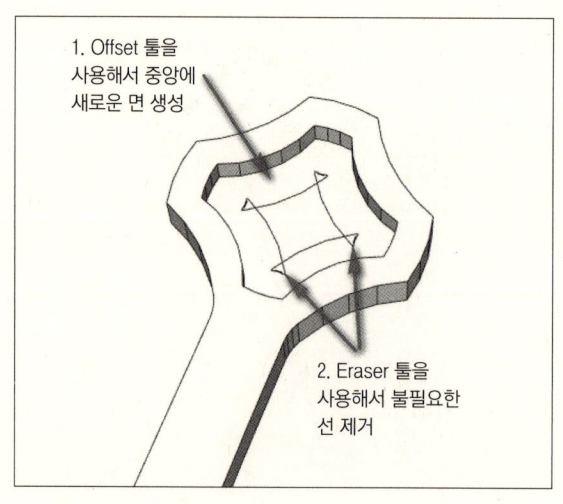

또 아래 그림과 같이 Eraser 툴을 사용해서 Offset 명령 수행 중 생성된 불필요한 선들을 정리했다. 불필요한 선들을 남겨두면 최종 모델이 솔리드 상태가 되지 않을 수 있다.

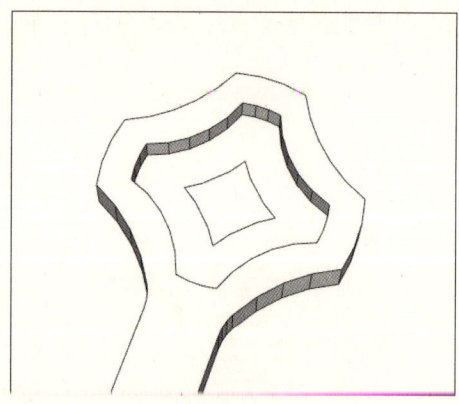

Push/Pull 툴을 사용해서 새로 생성된 면을 뒤쪽으로 밀어주니, 아래 그림처럼 깔끔한 구멍이 만들어졌다.

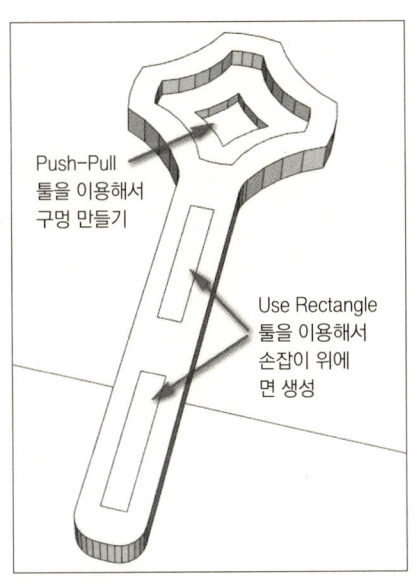

김씨는 손잡이에서도 재료를 아낄 방법이 생각났다. Rectangle 툴을 이용해서 손잡이 위에 두 개의 면을 그리고, Push/Pull 툴로 구멍을 만들었다. 이제 만족한 김 씨는 3D 프린팅을 위해 모델을 .STL 파일로 저장했다. 최종 모델의 모습은 다음 그림에서 확인할 수 있다.

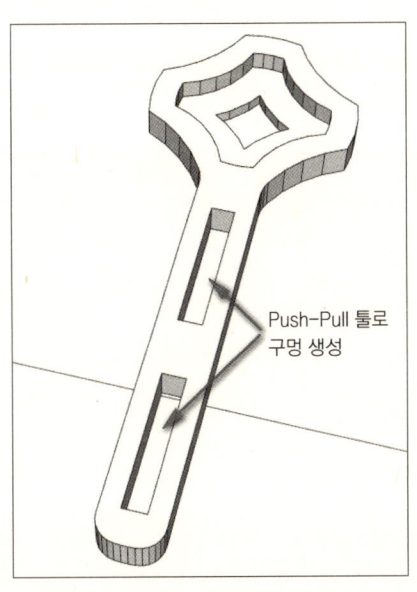

요약

5장에서는 시간을 절약하는 기술을 배웠다. 예를 들면 컴포넌트를 저장해서 나중에 사용하는 방법과 3D 프린트용 모델을 찾을 수 있는 온라인 사이트 등도 배웠다. 또 다운로드한 모델을 사용자의 목적에 알맞게 수정하는 방법도 배웠다.

6장에서는 휴대폰 거치대를 설계해보고, 이터레이션을 통해 설계를 개선해본다. 또, 고급 모델링 기술을 이용해서 복잡한 모델을 빠르게 만들어본다.

6

휴대폰 거치대 설계

스마트폰이나 태블릿으로 동영상을 볼 때, 내려놓고 보고 싶은데 그러면 보기가 너무 불편해서 어떻게든 들고 볼 때의 기분을 아는가? 아니면 화상 통화를 하면서 두 손으로 뭔가가 동작하는 것을 보여줄 수 없을 때의 기분을 느껴본 적이 있는가?

6장에서는 만화에 나오는 비행기 모양의 휴대폰 거치대를 설계해본다. 아이들도 좋아하겠지만, 3D 프린팅 설계를 공부하는 사람에게는 많은 것을 배울 좋은 기회가 될 것이다.

모델의 절반을 설계한 뒤, 이를 반사해서 나머지 부분을 빠르게 마무리하는 방법으로 시간을 절약하는 법을 배워보자. 반복적 설계와 모델에 텍스트 넣기, Intersect with Model 커맨드 사용법에 대해서도 공부할 것이다.

다음 사진은 완성된 거치대의 모습이다.

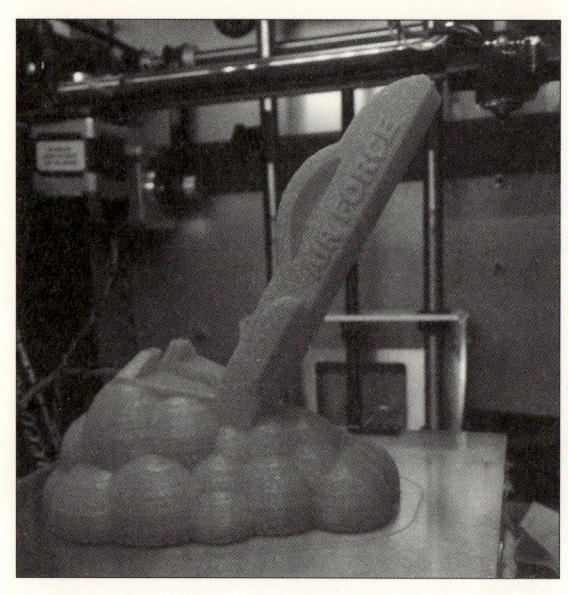

2D 스케치에서 시작하기

이 모델은 연기와 먼지 구름을 남기며 매우 가파른 각도로 날아오르는 비행기 모습이다. 휴대폰을 가로로 세우든 세로로 세우든 구름은 휴대폰을 지지하는 넓은 받침대 역할을 할 것이다.

이 모델은 FFF 데스크톱 프린터로 프린트할 예정이므로, 45도 법칙을 기억하면서 지지대를 최소화할 방법을 생각해야 한다. 모델 해상도를 프린트의 성능에 맞게 낮출 수도 있다.

4장 모델 해상도의 이해에서 배운 것처럼 더미 박스를 생성하고, 생성한 박스의 수직면 중 하나에 그리는 것부터 시작해보자. 아래의 그림에서 Line 툴과 Arc 툴을 사용해 그린 프로파일의 윤곽선을 볼 수 있다.

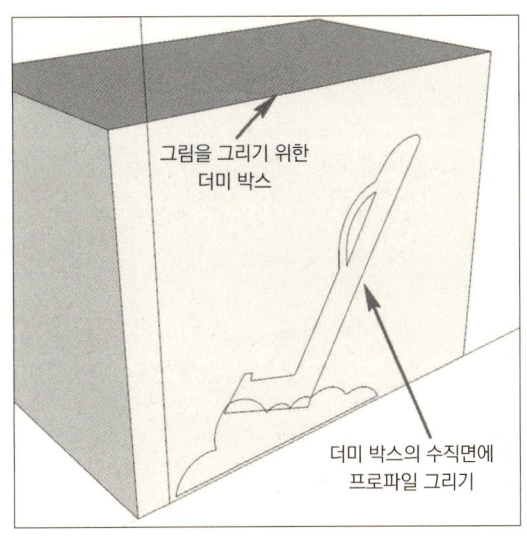

앞의 그림에서는 돌출부가 45도를 넘지 않는지 확인하기 위해서 그린 45도의 임시 가이드라인이 여기서는 보이지 않는다. 임시 가이드라인에 대한 자세한 사항은 4장 모델 해상도의 이해를 참고하기 바란다. 구름과 비행기 프로파일은 각각 별도의 그룹으로 그렸으며, 3D로 만든 후에 합칠 예정이다.

3D로 만들기

이제 모델의 크기를 조절해야 한다. Tape Measure 툴을 사용해서 모델 높이가 100mm가 되게 크기를 조절하자.

아래 그림처럼 프로파일을 당겨서 3D로 만드는데, 받침대인 구름을 18mm, 비행기를 12mm 두께로 만든다. Outer Shell 툴로 두 그룹을 합치고, 그 결과가 Solid 상태인지 확인한다.

프로파일을 당겨 3D로 만든다. 그룹으로 만든 후 solid 상태인지 확인한다.

디테일을 추가해서 더 재미있는 모델 만들기

아래 그림처럼 그룹을 열고 비행기의 기존 면 위에 날개 프로파일을 하나 그린다. 날개가 완벽한 호 모양은 아니므로, 날개의 곡선 부분을 그릴 때는 Bezier Curve Tool 확장 기능을 쓰는 게 가장 좋다. 지지대를 최소화하기 위해서 날개를 1.5mm만 밖으로 빼준다.

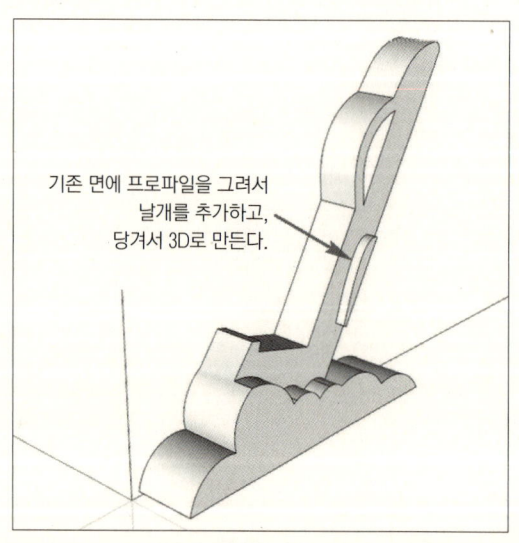

기존 면에 프로파일을 그려서 날개를 추가하고, 당겨서 3D로 만든다.

3D Text 툴 사용

다음에는 3D Text 툴로 텍스트를 추가해보겠다. 나는 'AIR FORCE'라고 썼지만, 여러분은 어떤 걸 써도 상관없다. 원한다면 자신의 이름을 써도 좋다!

 3D 프린팅을 위해서는 Serif보다는 Arial 같은 폰트가 가장 좋으며, 글씨를 굵게 하면 프린트가 더 잘 된다. 작은 글씨를 프린트할 때 Serif 폰트는 가장 가는 부분이 너무 얇아서, 최종 결과물에 나오지 않을 수 있기 때문이다.

Place 3D Text 다이얼로그에서 높이를 5mm로 한다. Extruded 박스가 체크되었는지 확인하고, 두께를 약 0.6mm로 설정한다. 가장 좋은 결과를 얻으려면, 텍스트를 원하는 지점 근처에 넣고, Move 툴과 Rotate 툴을 이용해서 정확한 위치로 맞춰준다. 지금은 텍스트를 별도의 그룹으로 두는 편이 좋다.

3D 텍스트는 자동으로 텍스트가 위치한 면에 맞춰서 정렬되며, 마우스에서 손을 떼면 바로 비행기에 달라붙는다. 3D 텍스트를 이동시키고 싶은데 마음대로 되지 않는다면, 텍스트에서 마우스 오른쪽을 클릭한 뒤에 Unglue를 선택하면 텍스트가 비행기에서 떨어진다.

다음 그림을 보면, 3D 텍스트는 비행기와 나란히 정렬되었으며 비행기의 머리 근처에 있다.

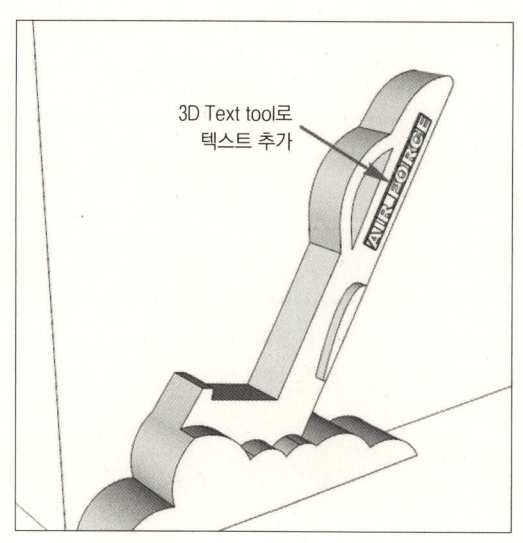

대칭 모델 반사

이 모델과 같이 대칭을 이루는 모델의 경우에는, 모델을 빨리 완성하기 위해서 절반을 생성한 뒤 이를 반사하는 연습을 하기에 좋다. 지금 바로 확인해볼 수 있는데, 시간을 많이 절약해주는 방법이다.

아래 그림과 같이 모델을 복사한 뒤, 'Green Scale about Opposite Point' 라는 메시지가 뜨는 점을 이용해서 복사본이 -1 위치에 오도록 크기를 조절한다. 복사본을 기존 모델에 인접하게 이동시키면, 절반의 노력으로 금방 모델의 반사된 반쪽을 생성할 수 있다. 반사된 텍스트는 읽기 어려우므로, 3D 텍스트는 반드시 복사해서 별도로 방향을 맞춰야 한다. 모델을 반사하는 또 다른 방법은 오른쪽 마우스를 클릭해서 **Flip Along > Group's Green**을 실행하는 것이다. 여기서 Green은 녹색 축을 의미한다.

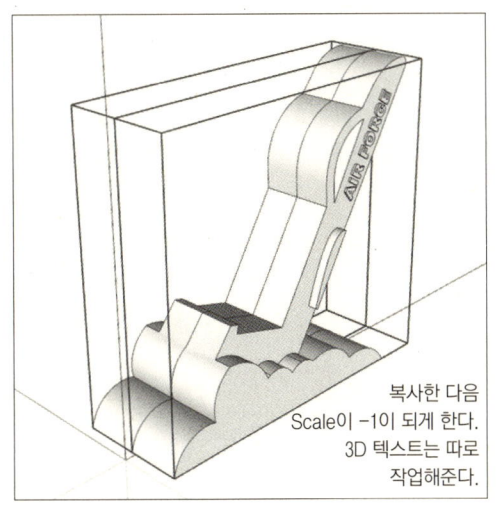

복사한 다음
Scale이 -1이 되게 한다.
3D 텍스트는 따로
작업해준다.

Outer Shell 툴로 그룹 합치기

아래 그림에서 전체 그룹을 복사해서 이력을 남겨준다. 그리고 3D 텍스트를 선택해서, 그룹을 반사해주고, Outer Shell 툴을 이용해 하나의 솔리드 모델로 모두 합친다.

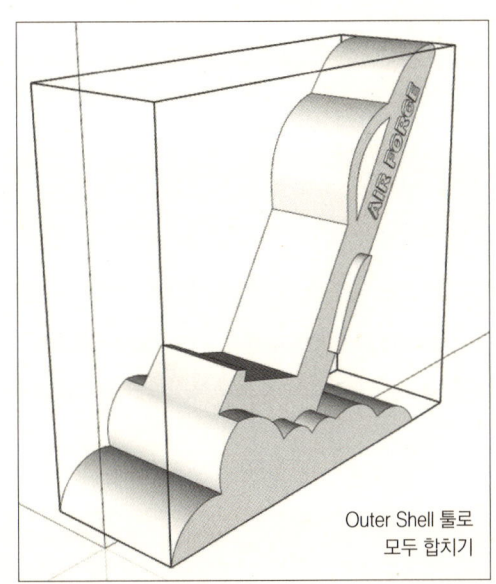

Outer Shell 툴로
모두 합치기

충전 케이블 삽입 공간 만들기

모델의 최종 디테일을 생각할 때, 휴대폰을 충전하면서 세로로 세워서 사용하는 경우를 고려해야 한다. 많은 휴대폰이 아래쪽으로 충전기를 연결하게 되어 있으므로 이를 처리해주어야 한다.

선을 넣을 공간을 만들면 충전기를 꽂을 수 있고, 전원 코드를 뽑을 필요 없이 거치대에서 휴대폰만 뺄 수도 있다. 이런 복잡한 구조에다 공간을 만드는 방법에는 두 가지가 있다. 하나는 Solid 툴(프로 버전에서만 제공)을 사용하는 것이고, 다른 하나는 Intersect with Model(메이크와 프로 버전에서 모두 제공) 커맨드를 사용하는 것이다. 지금은 Intersect with Model 커맨드에 대해 배워보자. Solid 툴과 거의 비슷하지만, 귀찮은 cleanup 과정이 필요 없다.

먼저 그룹 중앙에 너비가 13mm인 박스를 생성한다. 휴대폰 충전기를 직접 측정한 뒤 여유분을 더해 13mm로 정해주었다. 잘라내려는 부분에 닿을 정도이거나 그보다 길기만 하면, 길이나 높이는 그리 중요하지 않다.

아래 그림에서 공간을 잘라낼 때 사용할 박스를 어떻게 넣었는지 볼 수 있다. 작업이 끝나면 박스와 박스 내부의 모든 것들이 없어진다.

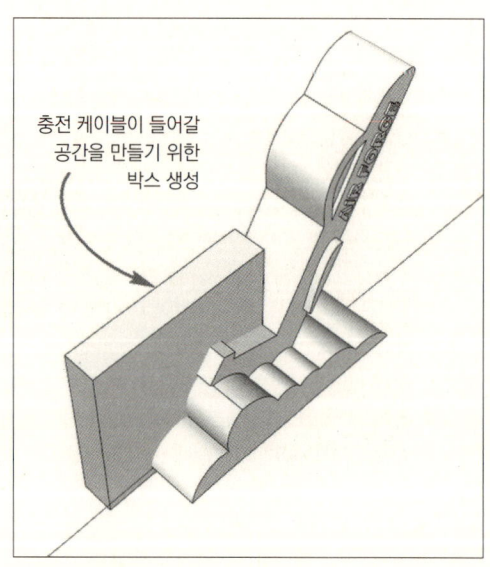

Intersect with Model 커맨드를 실행하려면, 각 부분이 같은 공간에 존재해야 한다. 즉, 교차할 부분들이 서로 다른 그룹에 속해서는 안된다는 뜻이다. 전체 박스를 선택한 뒤, 메뉴의 Edit > Cut에서 박스를 잘라내, 클립보드에 복사한다. 거치대 그룹을 열고, 메뉴의 Edit > Paste in Place를 선택하면, 박스 위치는 그대로 유지하면서 모두 같은 공간에 넣을 수가 있다.

 스케치업 프로를 사용하는 경우에는 박스를 그룹으로 만들어 별도의 그룹으로 유지해야 한다. 공간을 잘라내기 위해서, 박스를 선택하고, Tools > Solid Tools > Subtract를 선택한 다음, 거치대 그룹을 클릭한다. 박스와 박스에 포함된 모든 것들이 사라지고, 깔끔하게 케이블을 꽂을 공간이 생긴다.

아래 그림과 같이 전체를 선택한 뒤, 마우스 오른쪽을 클릭해서 Intersect Faces > With Model을 선택한다. 모델의 복잡도에 따라서 몇 초에서부터 아주 큰 모델의 경우는 몇 분까지 시간이 걸릴 수 있다.

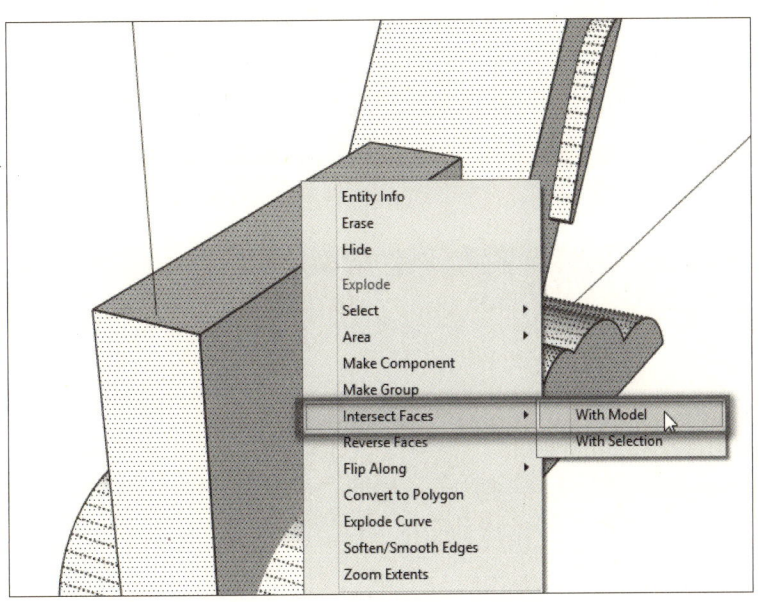

작업이 끝나면 아래 그림처럼 서로 만나는 지점에 테두리 선이 생긴 것을 확인할 수 있다. 이제 불필요한 부분을 지우기만 하면 된다. 남기고 싶은 부분까지 지우지 않게 주의한다.

지우는 과정이 조금 귀찮을 수 있다. 불필요한 도형은 모두 지워야 하지만, 지웠을 때 필요한 부분에 구멍이 생길 수 있는 부분은 지워서는 안된다. Cleanup 확장 기능은 필요 없는 선을 모두 지워주기 때문에 이러한 상황에서 아주 도움이 된다.

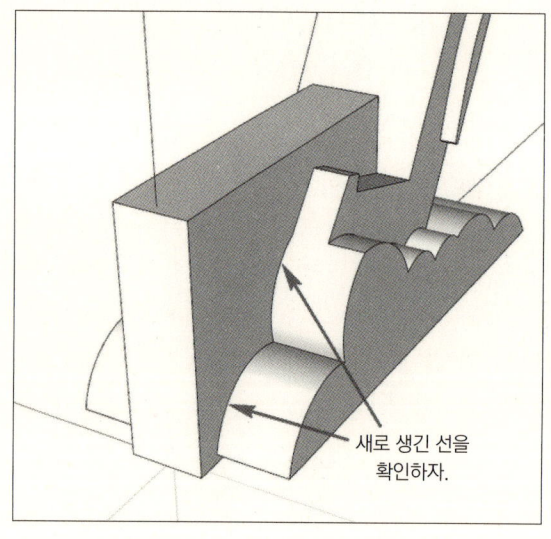

새로 생긴 선을 확인하자.

다음 그림에서는 불필요한 부분이 일부 삭제되었다. 남은 선들을 모두 지우고, 모델이 솔리드가 되지 못하게 하는 불필요한 선과 면이 없는지 확인한다.

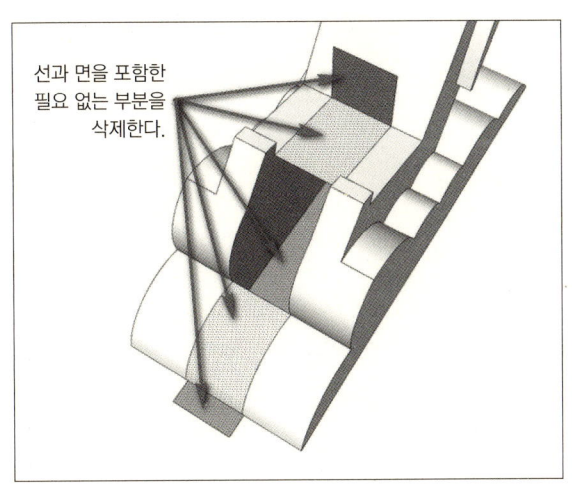

선과 면을 포함한
필요 없는 부분을
삭제한다.

Orient faces로 완벽한 모델 만들기

아래 그림처럼 필요 없는 부분을 모두 지웠더니 케이블을 위한 완벽한 공간이 생겼다. 면이 반전된 곳도 있지만, 흰색 면에다 마우스 오른쪽을 클릭한 뒤 Orient Faces를 클릭하면 쉽게 바로 잡을 수 있다.

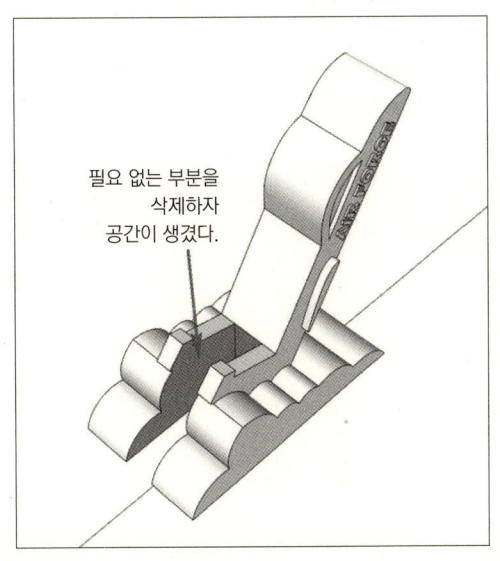

필요 없는 부분을
삭제하자
공간이 생겼다.

Orient Faces 커맨드가 생각한대로 동작하지 않는다면, 모델이 솔리드가 아니기 때문일 수 있다. 모델 내부에 남아있는 면이 있는지 확인하고, 모두 지운다.

프린트하기 위해 모델 내보내기

아래 그림처럼 모든 면의 방향을 바로 잡았다면 프린트할 준비가 다 된 것이다. 프린트를 위해 내보내기만 하면 끝난 것이나 마찬가지다.

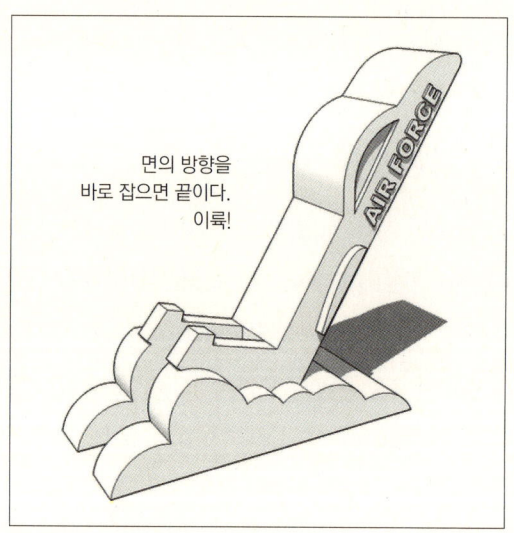

면의 방향을 바로 잡으면 끝이다. 이륙!

프린트한 모델 테스트하기

아래 그림은 프린트한 거치대를 사용하는 모습이다.

모델을 프린트해서 실제로 어떻게 동작하는지 테스트한 후, 설계를 개선할 수 있을 만한 변경 사항을 아래에 정리해 보았다.

- 비행기의 꼬리 날개에 달린 고정대의 높이와 너비를 늘려주어 휴대폰을 가로로 세울 때의 안정성 높이기
- 받침대를 높이를 높여서 충전기 전선이 테이블 위에서 심하게 구부러지지 않게 하기
- 비행기의 연기 구름을 더 사실적으로 만들기
- 비행기 날개를 더 크게 만들어서 알아보기 쉽게 하기

개선된 설계 적용

스케치업으로 다시 돌아가자! 변경 사항을 적용해서 개선된 모델을 프린트해 보자. 일련의 이터레이션을 통해서 설계를 개선하는 것은 3장 2D 스케치로 3D 모델링 하기에서 배웠다.

변경 이력을 저장해둔 곳으로 돌아가, 반사해서 만든 그룹 중 하나를 복사해 와서, 개선된 설계에 따라 다시 작업해보자. Push/Pull 툴과 Line 툴을 이용해서 휴대폰이 움직이지 않게 받쳐주는 고정대의 높이를 높이고, 너비를 넓히자.

Push/Pull 툴로 바닥의 면을 당겨 6mm 더 높여주면 충전 케이블이 구부러지지 않는다.

날개 모양을 바꾸기 위해서, 날개의 들어간 부분을 비행기 몸체 높이와 같아지도록 반대로 당겨준다. 그리고 Bezier 툴을 사용해 날개 프로파일을 더 크게 새로 만들어주고, Push/Pull 툴로 새로 만든 날개가 1.5mm 밖으로 튀어나오게 한다. 크기가 커진 고정대과 새로 만든 날개는 아래 그림에서 확인할 수 있다.

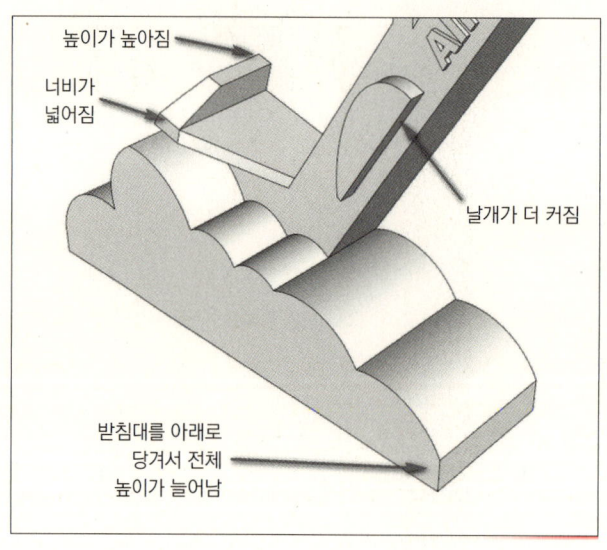

복사 및 크기 조절로 복잡한 모양 만들기

진짜 같은 뭉게구름을 만들려면, 간단하게 구나 반구를 만들어서 받침대 주변에 복사해주면 된다. 구와 반구들이 그룹인지와 솔리드인지는 복사 전에 반드시 확인해야 한다. 받침대의 평평한 부분은 반구로, 그 윗부분은 구로 채울 것이다. Scale 툴로 복사한 구와 반구를 늘리고 크기를 바꾼 뒤 변형시켜서 더 사실적인 모양을 만들어준다. 45도 법칙을 잊지 말고, 아래 그림처럼 구 자체가 지지대 역할을 하게 한다. 그림에서는 받침대를 이루는 구와 반구가 몇 개인지 보기 위해서, 구와 반구를 모두 선택했다.

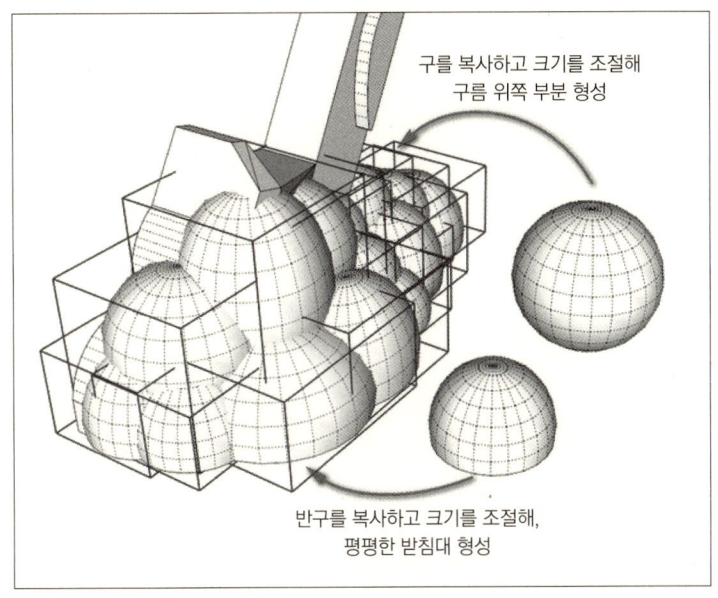

마지막으로 새로운 받침대를 이루는 그룹들을 복사해준다. 다음 단계에서 아주 작은 면을 만드는 과정에서 모델에 구멍이 생기는 현상을 방지하기 위해서, 3장 2D 스케치로 3D 모델링 하기에서 설명한 것처럼 Tape Measure 툴을 이용해서 모델을 100배로 확대한다. Outer Shell 툴로 모두 하나로 합쳐서 하나의 솔리드 그룹으로 만든다. Outer Shell 툴을 사용할 때는 한 번에 두 개에서 세 개만 합치는 게 가장 좋다. 한꺼번에 다 선택하고 툴을 실행하면, 생성된 그룹이 솔리드가 아닌 경우가 자주 발생한다.

마무리 및 수정한 모델 프린트

일단 솔리드 그룹이 생성되면, 이력을 남기기 위해 복사를 해둔다. 그룹을 반사해서 3D 텍스트 방향을 맞춰주고, Outer Shell 툴로 모두 합친다. 첫 번째 이터레이션과 같은 방법으로 케이블 넣을 공간을 만들어준다. 여기까지 완성되면 아래와 같은 모습일 것이다.

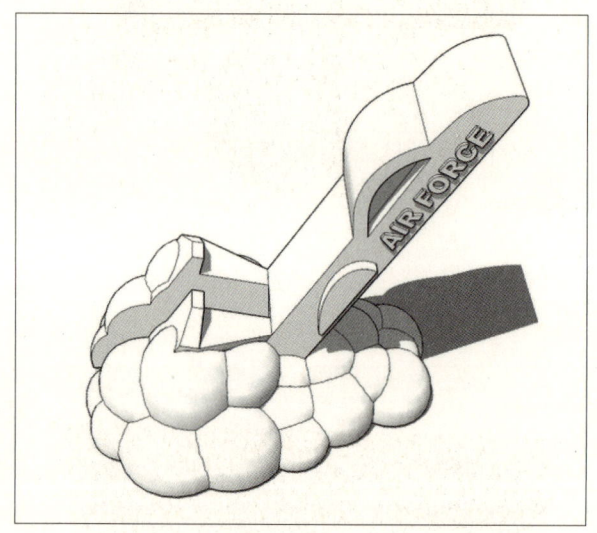

내보내기만 하면, 개선된 버전을 프린트할 준비는 끝났다!

두 번째 이터레이션 테스트

두 번째 설계한 모델은 휴대폰이나 작은 태블릿도 안정적으로 고정할 수 있게 성능이 더 향상되었다. 높이가 높아져서 선이 구부러지지 않고, 아래 그림처럼 받침대도 커져서 훨씬 보기가 좋다. 빨간색 필라멘트로 프린트했더니 더욱 보기가 좋다!

아래 그림처럼 같은 거치대로 크기가 더 큰 디바이스도 이용할 수 있다.

아래 그림에서는 두 가지 설계를 프린트했을 때 어떻게 달라지는지 확인할 수 있다.

요약

6장에서는 Intersect with Model 커맨드와 짧은 시간에 복잡한 모델을 만들기 위해서 간단한 모델을 활용하는 방법 같은 고급 모델링 기법을 배웠다. 이러한 기법들을 결합하면 아주 복잡한 모델도 금방 만들어낼 수 있다. 두 번째 이터레이션을 만들 때는 시간을 절약하기 위해서 변경 이력을 활용해보았다.

7장에서는 지형 데이터를 이용하는 방법과 모델을 컬러로 3D 프린트하는 법을 배운다.

7
지형 삽입 및 컬러 인쇄

디지털로 연결된 세상에서 언제 어디서나 지형 데이터를 이용할 수 있게 되었고, 3D 프린트 프로젝트에 이러한 지형 데이터를 이용하는 것은 이제 아주 간단한 일이다.

수천 가지 색상을 이용해 3차원으로 프린트할 수 있는 상업용 프린터는 지형을 이용한 모델뿐 아니라 건축 모형이나 시제품을 만들 때에도 아주 좋은 선택이다. 7장에서는 지형을 3D로 프린트하거나 스케치업에서 다양한 색상의 모델을 프린트하기가 것이 얼마나 쉬운지 자세히 살펴보도록 하자.

구글 어스의 지형 이용

스케치업은 구글 어스Google Earth와 연동이 잘 되어 있어서, 지형 데이터를 삽입하기가 아주 쉽다.

구글 어스의 지형 데이터를 스케치업으로 가져오는 과정은 다음과 같다.

1. 먼저 스케치업을 열고 File > Geo-Location > Add Location....을 선택한다.

2. 아래 그림과 같은 팝업창이 뜬다. 계속하기 위해서는 구글 계정으로 로그인해야 한다. 주소나 건물 명칭을 입력하거나 이동 및 확대/축소 기능을 이용해 지도에서 직접 원하는 지형을 찾는다.

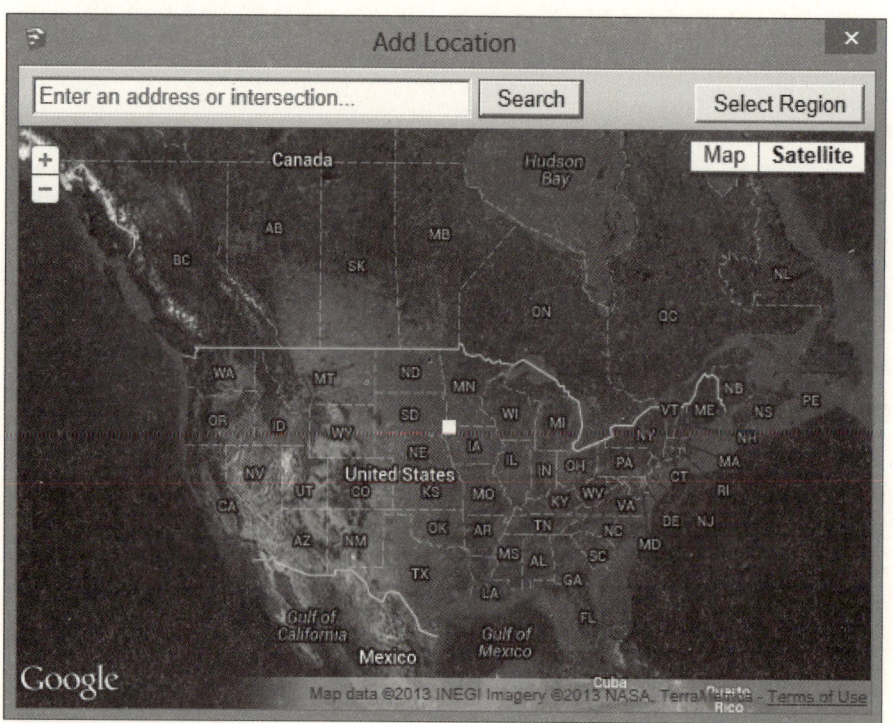

3. 창의 우측 상단에 위치한 Select Region 버튼으로 위치를 선택한다. 모서리에 있는 네 개의 파란색 핀을 조절해 선택할 부분을 정확히 설정해준다. 선택할 수 있는 최대 크기는 2km(1.2마일), 최소 크기는 10m(33피트)다.

4. 우측 상단의 Grab 버튼을 클릭하면 선택이 끝나고, 선택한 지형을 스케치업으로 불러온다.

5. 스케치업에 보이는 위성 이미지가 완전히 평면일 것이다. 여기에도 지형 정보는 포함되어 있지만, 디폴트로 활성화되어 있지 않은 별도의 레이어에 지형 정보가 숨어있기 때문이다. 지형이 보이게 하려면, 메뉴의 Window > Layers에서 Layers창을 열고, Google Earth Terrain 항목 뒤에 있는 박스를 선택한다. Google Earth Snapshot 항목 뒤에 있는 박스를 선택 해제하면 위성 이미지를 끌 수 있다.

6. 이제 3D 지형이 보이지만, 두께가 전혀 없다. 두께를 넣어 준 다음 3D 프린트 가능한 크기로 줄일 것이다.

7. 그룹에 지형이 포함되었지만, 아직 잠겨 있기 때문에 수정은 안된다. 평소 파란색인 그룹의 테두리 박스가 빨간색이거나 편집하려 해도 그룹이 열리지 않는다면, 그룹이 잠겨 있음을 알 수 있다. 그룹을 잠금 해제하려면, 그룹에다 마우스 오른쪽을 클릭한 뒤 Unlock을 클릭한다.

8. 지형을 이루는 복잡한 선들은 기본적으로 부드럽고 연하기 때문에 작업하기 힘들다. 선을 잘 보이게 하려면, 아래 그림처럼 Hidden Geometry를 활성화한다. 또는 그룹을 선택한 후 메뉴의 Window > Soften Edges로 가서 Soften Edges 다이얼로그의 슬라이더를 최대한 왼쪽으로 이동시켜 선을 진하게 만들어준다.

지형은 보이지만,
두께가 없다.

9. 이제 모델에 두께를 만들어줘야 한다! 각 모서리에 선을 그리고, 그 선을 연결해서 직접 평평한 베이스를 만들어 줄 수도 있지만, 몇 초 안에 작업을 끝낼 수 있는 Add Terrain Skirt 확장 기능(http://sketchucation.com/forums/viewtopic.php?p=359903#p359903)을 권장한다. 계속하기 전에 Entity Info창에서 지형 그룹이 Solid인지 확인한다. 여기까지의 결과는 아래 그림에서 확인할 수 있다.

옆면이 생겼다.
이제 지형이 solid가 되었고,
프린트할 수 있다.

10. 실제 크기로 지형을 불러왔기 때문에, 마지막 단계에서 프린트할 수 있는 크기로 줄여야 한다. Tape Measure을 이용해서 3장 2D 스케치로 3D 모델링 하기에서 배운 방법으로 모델의 크기를 줄인다. 마지막으로 옆면의 두께가 자주 사용하는 프린터의 사양에 맞는지 확인한다. 모델을 .STL 파일로 내보내기하면 프린트할 준비가 다 끝났다!

이 방법은 데스크톱 FFF 프린터에서 지형 모델을 만들기에 좋다. 평평한 베이스가 구조물을 지지해주기 때문이다. 하지만 산업용 프린터를 사용할 경우에는, 재료 사용을 줄이기 위해서 베이스의 안쪽을 제거하기도 한다. JointPushPull Interactive 확장 기능(http://sketchucation.com/forums/viewtopic.php?p=496773)을 사용하면 이 작업을 쉽게 할 수 있다.

JointPushPull 확장 기능은 연결되어 있는 면을 모두 모아서, 여기에다 정확한 두께를 넣어준다. 우리는 옆면의 벽은 유지하고, 나머지 지저분한 부분은 다 지우려고 한다. 변경 이력을 위해 솔리드 지형의 모형을 복사해 놓고, 아래의 그림처럼 바닥 면을 지운다.

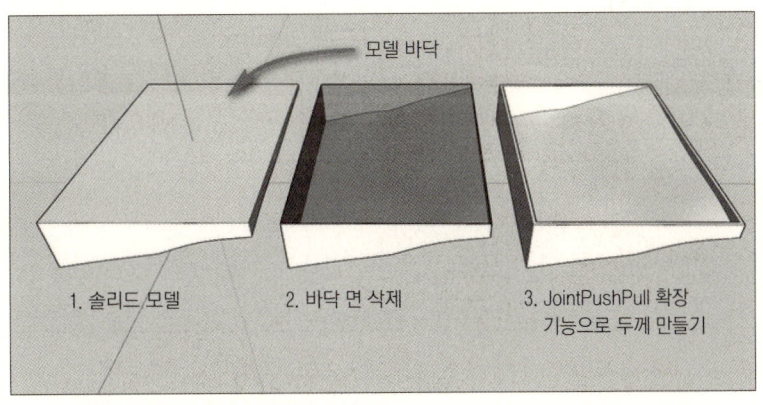

1. 솔리드 모델
2. 바닥 면 삭제
3. JointPushPull 확장 기능으로 두께 만들기

모두 선택한 후, 마우스 오른쪽을 클릭하고 JointPushPull > Joint Push Pull을 선택한다. 기본 옵션에서 지형과 벽 두께를 2mm로 넣어준다. 에러가 발생하면, 모델을 100배로 확대해서 작업한다. 다시 솔리드로 만들기 위해서 작은 오류 몇 가지를 수정해야 할 수도 있다. 여기서 모델의 안쪽을 제거하면 재료 사용을 85퍼센트 줄일 수 있다.

 구글 어스는 지형 데이터를 얻을 수 있는 곳 중 하나지만, 특히 멀리 떨어진 장소의 경우 데이터의 질이 떨어지는 곳이 많다. 실측 데이터나 무료 온라인 자료 등 지형 모델을 찾을 방법은 많다. 가장 많이 사용하는 지형 데이터 파일의 형식은 스케치업 메이크와 스케치업 프로에서 불러올 수 있는 .DEM 파일이다.

.STL 파일에서는 색상 데이터를 저장할 수 없으므로, 지금은 이 모델을 단일 색상으로만 프린트할 수 있다. 위성 이미지를 컬러 프린트하기 위해서는 모델에 추가 작업이 필요하다.

컬러 프린트

컬러로 3D 프린트하려면 특별한 프린터가 필요한데, 현재까지는 상업용 프린트만이 이 작업을 할 수 있다. 즉, 대규모 기관에 소속된 게 아니라면, 컬러 프린트를 하려면 프린팅 서비스를 이용해야 한다는 말이다. 그러려면 업체에서 출력할 수 있는 형식으로 만들어주어야 한다.

스케치업이 색상 데이터를 어떻게 처리하는지 살펴보자.

텍스처와 단색

스케치업 모델에 색을 넣는 두 가지 다른 방법이 있다. 텍스처를 이용하는 방법과 단색을 이용하는 방법이다(두 가지를 섞어서 사용할 수도 있다). 텍스처는 .jpg나 .png, .tif와 같은 이미지 파일이다. 앞에서 우리가 불러오기 했던 지형의 위성 이미지는 .jpg 형식의 텍스처다.

색상을 이용하는 경우는, RGB값이나 색상명을 기반으로 하는 기본 단색으로 면 전체를 채우는 것이다.

아래 그림에서 윗면에는 위성 이미지의 텍스처를 적용했고, 바닥 면과 옆면은 단색을 적용했다.

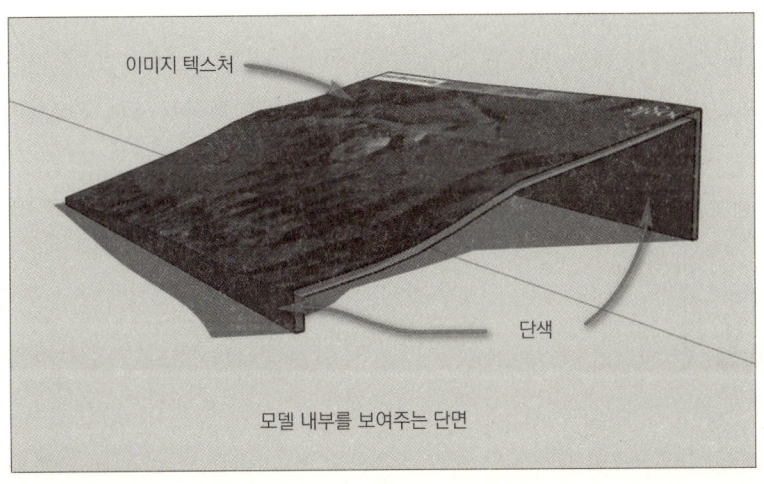

스케치업에서 컬러 모델을 3D 프린트할 때 많이 쓰는 형식은 .DAE이나 .WRL이다. 스케치업 프로는 두 가지 형식 모두로 내보낼 수 있지만, 스케치업 메이크는 .DAE 형식으로만 내보낼 수 있다.

이미지로 된 텍스처를 사용하는 모델의 경우에는, 스케치업에서 3D 모델 파일과 별도로 이미지 파일을 내보낸다. 이미지 파일과 3D 모델 파일은 함께 ZIP 파일로 압축해서 프린트 서비스에 업로드한다. 단색만 적용한 모델의 경우에는, 색상 데이터가 3D 모델 파일에 포함되어 있으므로 3D 모델 파일만 있으면 된다.

프린트할 모델을 준비하기 전에 이용하려는 선택한 프린트 서비스부터 확인해보자. 프린트 서비스마다 요구하는 파일이 다를 수 있기 때문이다. i.materialise(http://i.materialise.com/)이나 Sculpteo(http://www.sculpteo.com/) 같은 사이트는 스케치업 파일을 바로 보내면 되기 때문에, 모델을 준비하는 시간을 많이 절약할 수 있다. 그 외의 다른 프린트 서비스를 이용할 때는 .WRL와 같은 특정 3D 포맷과 .PNG 같은 특정 이미지 파일을 ZIP 파일로 제공해주어야 한다. 파일 변환 작업에도 시간이 꽤 오래 걸린다.

 스케치업에서 제공하지 않는 파일 형식으로 변환해야 하는 경우에는 무료 프로그램인 Meshlab(http://meshlab.sourceforge.net)을 사용해보자. 이 프로그램은 불러오기와 내보내기에서 다양한 형식을 지원하기 때문에 문제를 해결해줄 것이다.

스케치업 단색 작업

모델을 단색으로 3D 프린트하기 위해서는 모든 면에 색상이 적용되어 있어야 한다는 점을 명심하자. 디폴트 색이 그대로 남아있는 부분이 있어서는 안된다. 또 면의 안쪽에 색이 적용된 부분이 없는지도 확인한다. 그러면 프린트에서 충돌이 생길 수 있다. 안쪽 면의 색상을 없애고 싶을 때는 싶으면, 뒷면을 디폴트 색으로 칠하기만 하면 된다.

View > Face Style > Monochrome을 선택해 monochrome에서 보면, 단색으로 바뀌기 때문에 모든 면이 올바른 방향을 향하고 있는지 알 수 있다. 뒤집어진 면이 있을 때는 해당 면에서 마우스 오른쪽을 클릭하고, Reverse Faces를 클릭해서 문제를 수정한다. 면의 방향성에 대해서는 2장 3D 프린팅을 위한 스케치업 설치를 참고하자.

거의 다 됐다. 이제 프린터와 호환되는 형식으로 모델을 내보내기만 하면 프린트할 준비가 끝난다.

스케치업에서 텍스처 작업

단색으로 작업할 때의 기본 원칙이 텍스처 모델을 작업할 때도 똑같이 적용된다. 앞면과 뒷면 텍스처를 같게 하고, Monochrome으로 면의 방향이 올바른지 확인한다.

위치를 정확히 맞추기 위해서 텍스처 크기를 변경하거나 회전시켜야 하는 경우도 있다. 이런 경우에는 스크린에서 마우스 오른쪽을 클릭한 뒤, Texture > Position을 선택해 텍스처 관련 툴을 사용할 수 있는데, 이 툴은 이미지 텍스처가 적용된 면을 클릭했을 때만 동작한다.

컬러 프린트를 위한 모델 내보내기

프린트 서비스 업체가 스케치업 파일을 바로 받아주지 않는다면, 마지막 단계에서 모델 내보내기를 해야 한다. 경험상 대부분의 프린트 서비스 업체에서 프린트가 가장 잘 나오는 파일 형식이 .DAE다.

Tape Measure 툴을 사용해서, 모델의 크기가 맞는지 확인한다. 변경 이력을 위해 남겨두었던 것과 프린트할 모델을 제외하고 모두 지운다.

내보내기를 위한 폴더를 하나 만들어, 3D 모델과 그 모델에 해당하는 이미지 파일을 쉽게 찾을 수 있게 한다. 마지막으로, 모델을 내보내기 위해서 File > Export > 3D Model...를 선택하고, 화면 아래쪽에 있는 다운로드 메뉴에서 COLLADA file(*.DAE)을 클릭한다.

프린트 서비스에 파일을 업로드할 때는, 아래 그림과 같이 DAE와 JPG 파일을 포함한 ZIP 파일을 만든다. ZIP 파일을 프린트 서비스 업체에 올리면, 컬러로 프린트한 결과물을 금방 받아볼 수 있다.

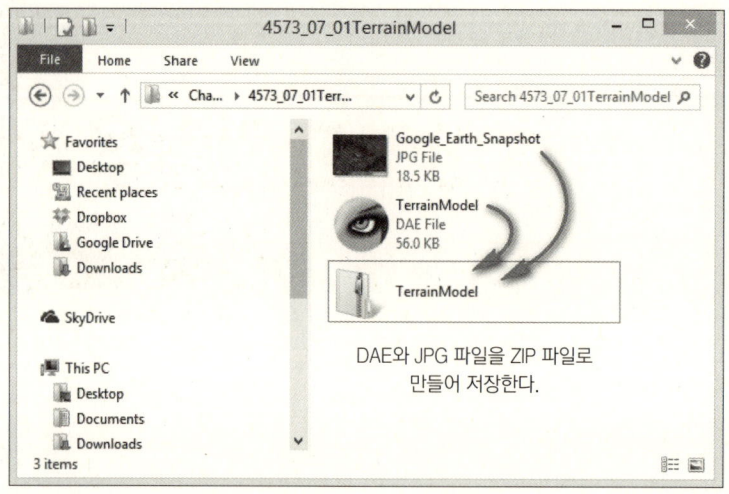

요약

스케치업은 구글 어스와 연동되기 때문에 아주 쉽게 지형 데이터를 불러올 수 있다. 옆면을 추가하고, 크기를 조절해 지형을 프린트할 수 있게 하는 법을 배웠고, 모델 안쪽을 빠르게 제거해 부피를 85퍼센트 줄일 수 있는 확장 기능에 대해서도 공부했다. 스케치업에서 단색과 텍스처의 차이점과 그에 따라 프린터로 보내기 위해 모델의 형식이 어떻게 달라지는지 배웠다.

8장에서는 건축 모델을 프린트하기 위해 필요한 것들에 대해 배워보자.

8
3D 프린팅을 위한 건축 모델링

스케치업의 강점은 건축 렌더링이다. 스케치업에서는 다양한 스타일을 사용할 수 있기 때문에, 아름다운 건축 렌더링을 스케치업보다 쉽게 할 수 있는 프로그램은 없다. 확장 기능과 스케치업 파일을 사용할 수 있는 외부 프로그램을 이용해서 사진과 똑같은 모델을 만들거나, 증강 현실 모델을 만들 수도 있다. 하지만 결과가 아무리 멋있어도 렌더링 모델은 종이와 스크린이라는 2차원의 한계를 벗어나지 못한다.

건축 모형은 2D와는 비교도 안될 만큼 유용하다. 과거에는 폼 코어나 나무를 재료로 인내심을 가지고 수작업으로 힘들게 모형을 만들어야 했다. 요즘은 레이저 절단기 덕에 자르는 작업은 쉬워졌지만, 디지털 형태의 파일로 설계하고, 부품을 조립하는 데 여전히 많은 시간이 걸린다. 스케치업 파일처럼 크게 수정하지 않고 바로 사용할 수 있는 경우는 드물다.

3D 프린팅은 이러한 어려움을 많이 해결해준다. 기존 건축 모델을 이용하면, 최소한의 노력으로 3D 프린팅 모델을 빠르게 만들어낼 수 있다. 또 7장 지형 삽입 및 컬러 인쇄에서 다룬 내용을 조금만 응용하면 건축 모델을 컬러로 프린트할 수도 있다!

8장에서는 스케치업을 많이 다뤄보지 않은 사람에게는 어려울 수 있는 고급 기술을 다룰 예정이다. 따라 하기가 어렵다면 부록 성공적인 3D 프린팅을 위한 리소스를 참고해서 스케치업을 연습하기 위한 자료로 활용하자.

스케치업 3D 프린팅 VS 스케치업 렌더링

3D 프린팅 모델에 필요한 조건은 렌더링만을 위한 스케치업 모델에는 적용되지 않는 경우가 많다. 벽 두께가 없거나 서로 만나는 부분이 있거나, 별도의 그룹이나 컴포넌트가 없는 모델은 아주 빠르게 설계할 수 있기도 하고, 또 그렇게 최대한 빠른 시간 내에 설계하는 경우가 많다. 3D warehouse에서 무작위로 모델을 다운로드해서 빠르게 훑어보면 금방 확인할 수 있다. 이러한 모델은 목적에 맞게 적당히 동작하지만, 3D로 프린트하기에는 까다롭다.

모델을 축소할 때도 문제가 발생할 수 있다. Tape Measure 툴이나 Scale 툴을 사용하면 3D 프린터에 맞도록 쉽게 크기를 축소할 수 있지만, 아무리 잘 만든 건축 모델이라도 3D 프린팅을 염두에 두지 않고 설계했다면 재작업이 필요하다. 렌더링 모델에서의 문 손잡이나 창틀, 창살처럼 작은 부분은 크기가 너무 작아서 프린트하기는 힘들 수 있다.

예를 들어 0.5인치 너비의 창틀을 작은 프린터에 맞게 48:1의 비율로 축소하면 두께가 0.2mm밖에 되지 않는다. 너무 작아서 이를 프린트할 수 있는 프린터도 거의 없겠지만, 만지면 부서질 정도로 튼튼하지가 못하다. 경험상 지지대 없이는 1~2mm 이하의 디테일은 대부분 프린트할 수 없다.

사례 연구: 렌더링 모델로 3D 프린트하기

간편하고, 환경에 영향을 적게 미치는 삶을 지향하는 사람들 사이에서는 소형 이동식 주택(http://en.wikipedia.org/wiki/Small_house_movement)이 인기를 끌고 있다. 초소형 집, 작은 오두막 등 참신하고 다양한 이름으로도 불리는 이런 주택은 이동성을 위해 트레일러 위에 지어진다.

건축 렌더링 사업을 하는 나의 고객 중에는 소형 이동식 주택을 설계하고 제작하는 분이 있다. 'Tiny Green Cabins'를 운영하는 짐 윌킨스 씨가 손으로 스케치한 설계도를 치수와 함께 보내오면, 나는 스케치업으로 모델링하고 렌더링해서 사진 같은 이미지를 만들어낸다. 윌킨스 씨는 그 이미지를 이용해서 완제품을 판매한다. 이동식 주택을 직접 짓고 싶어하는 사람에게는 스케치업 프로에 포함된 레이아웃으로 만들어진 설계도를 판매한다. 8장에서는 내가 소형 이동식 주택을 렌더링하면서 실제로 사용했던 모델을 아래 그림과 같은 3D 프린트 모델로 변환하는 데 필요한 절차에 대해 배워본다. 자신만의 건축 모형으로 따라 해도 좋고, 3D Warehouse에서 받은 모델을 이용해도 좋다. 이 프로세스는 대부분의 건축 모델에 비슷하게 적용된다.

원본 모델 살펴보기

아래 그림은 렌더링을 위해 제작된 원본 모델이다.

아래 그림에서는 텍스처를 없애 주었기 때문에(View > Face Style > Monochrome), 뒷면이 주황색으로 보일 것이다. Section Plane 툴을 사용하면 모델 내부를 볼 수 있다. Section Plane 툴은 모델에 가상의 절단면을 만들어, 닫힌 공간의 내부를 들여다보거나 내부에서 작업할 수 있게 해준다. 절단면을 선택한 뒤 마우스 오른쪽을 클릭하면 활성화 · 비활성화, 숨기기, 반전이 가능하다.

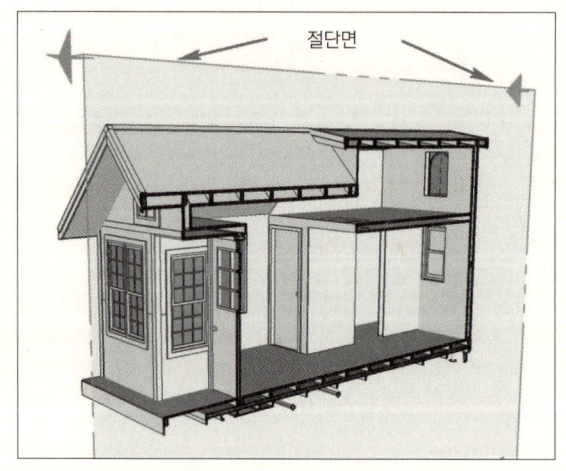

한눈에도 이 모델은 3D 프린트하기에는 문제가 많아 보인다. 2장 3D 프린팅을 위한 스케치업 설치에서 만들었던 스타일을 사용하고 있기 때문에, 주황색으로 보이는 뒷면이 아주 많아 수정이 필요하다. 유리는 두께가 없고, 통나무집에는 중첩된 그룹과 컴포넌트가 아주 많으며, 솔리드가 아닌 부분도 많고, 프린트하기엔 너무 작은 부분도 있다. 이 모델에서는 트레일러의 바퀴와 연결 부분은 프린트하지 않을 것이다. 그러면 프로세스가 간단해지고, 최종 프린트물의 내구성이 좋아질 것이다.

첫 프린트를 위해서 FFF 프린터용으로 설계를 해보자. 6인치×6인치×6인치(150mm×150mm×150mm)로 조형공간이 가장 큰 데스크톱 3D 프린트인 Solidoodle을 사용할 예정이다. 이동식 주택의 전체 길이는 24인치(7.3m)이므로, 간단한 계산, 혹은 몇 번의 시행착오를 통해 48:1의 비율로 축소하면 프린터에 맞는 크기가 될 것이다.

 어떤 크기로나 빠르게 모델 크기를 변경하는 방법이 있다. 예를 들어 48:1로 축소를 한다면, 빈 공간에 48mm 길이의 선을 그린다. Tape Measure 툴을 이용해서 선의 한쪽 끝을 클릭한 뒤 다른 쪽 끝을 클릭하고, 1mm를 입력하고 Enter 키를 친다. 모델의 크기를 변경할지 묻는 팝업이 뜰 때, Yes를 클릭하면 정확한 크기로 변경된다. 어떤 단위로든 변경할 수 있다. 48mm의 선을 1mm로 줄이면, 나머지 부분은 알아서 크기가 맞춰지기 때문이다. 불러온 컴포넌트 크기가 맞게 변하지 않는 문제가 발생하면, 크기를 조절하기 전에 전체 모델을 새로운 그룹으로 묶어주기만 하면 된다.

FFF 프린터를 사용할 때의 필요조건을 생각해보자. 처마는 지지대 없이는 프린트하기 힘들다. 지지대를 최소화하기 위해서 지붕을 따로 프린트할 것이며, 지붕에 꼭짓점이 두 개이므로 두 개로 나눠서 프린트할 것이다. 창문은 유리 없이 창살만 프린트해 창문과 같은 효과를 줄 예정이다.

모델링 계획

모든 컴포넌트를 솔리드로 만들고 얇은 부분을 강화하고, 창문을 수정해서 모델을 바로 잡는 노력이 필요하지만, 이는 매우 지루하고 정신적으로 고통스러운 작업이 될 것이다. 이 프로세스를 자동으로 진행하려는 시도를 한 확장 기능도 있지만, 제대로 동작하는 경우는 본 적이 없다. 가장 효과 있는 방법은 원본을 가이드로 이용해, 그 위에다 프린트할 수 있는 모델을 새로 그리는 것이다.

이 과정에서 알맞은 두께의 솔리드인 도형을 여러 개 만들어서, 이 조각들로 레고를 조립하듯이 원하는 형태로 조립할 예정이다. 프린트하기에 너무 작은 부분은 프린트할 수 있을 만큼 크기를 확대해주거나 그냥 삭제하겠다. 마지막으로 Outer Shell 커맨드로 각각의 조각을 프린트할 수 있는 하나의 솔리드 모델로 합쳐줄 것이다.

프린터가 프린트할 수 있는 최소 크기를 고려하면서, 컬러로 이 모델을 프린트하기 위한 계획을 먼저 세워보자. 시간을 절약하기 위해서, 가능하다면 FFF 프린터와 컬러 프린터 모두에서 프린트할 수 있는 모델을 만들겠다. 결국 각각의 프린터의 필요 요건에 맞게 수정을 해서, 두 종류의 프린트로 모두 프린트할 수 있는 모델을 만들어보자.

컬러 재료를 사용할 때 필요한 조건(http://i.materialise.com/materials/multicolor/design-guide)을 확인해보면, 최소 벽 두께는 1.5~2.0mm, 디테일의 최소 크기는 0.8~1.0mm라는 것을 알 수 있다. FFF 프린터는 이러한 가이드라인 내에서만 동작하므로 모델링을 하는 동안 잘 기억하자.

컬러 프린터는 파우더를 사용하기 때문에, 재료비를 절감하기 위해서는 모델 속을 비게 하는 것이 좋다.

그룹과 레이어로 체계화하기

먼저 할 일은 오두막 전체를 그룹으로 만든 후 별도의 레이어로 만들어주는 것이다. 이렇게 하면 숨기거나 필요할 때 보이게 하는 것을 빠르게 진행할 수 있다. 방법은 다음과 같다. **Ctrl + A** 키로 모델 전체를 선택하고 **Edit > Make Group**을 선택한다. Layers 다이얼로그를 열고 **Window > Layers**를 선택한 한 뒤, + 모양의 아이콘을 클릭해서 레이어를 추가한다. 레이어 이름을 '0 - original'로 정한다. 다른 레이어가 존재하는 경우에도, 새로 만든 레이어의 이름이 '0'으로 시작하기 때문에 계속해서 리스트의 제일 위에 위치하게 된다. 이제 Layers 창에서 원본 레이어를 보이게 하거나 보이지 않게 할 수 있다.

아래 그림에서 이 과정을 보여준다.

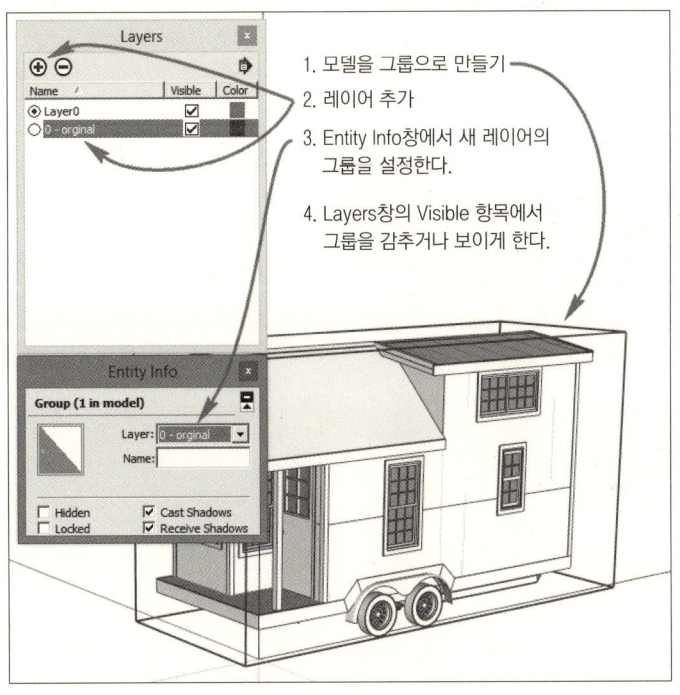

Hide 커맨드나 Unhide 커맨드를 이용해도 모델에서 그룹을 숨기거나 보이게 설정할 수 있다. 이런 커맨드를 단축키로 설정해두면 작업 속도를 몰라보게 높일 수 있다.

규격에 맞는 벽 두께 만들기

이제 모델링을 시작해보자! 트레일러의 바닥을 구조물을 지지하는 베이스로 사용할 예정이므로, 두께를 5mm로 하자. 옆으로 조금 떨어진 곳에 트레일러보다 큰 직사각형을 그리고, 5mm 두께로 밀어준 뒤 그룹으로 만든다. 밝은색으로 색칠해서 아래 그림처럼 다음 단계에서 나머지 부분과 구별되게 한다.

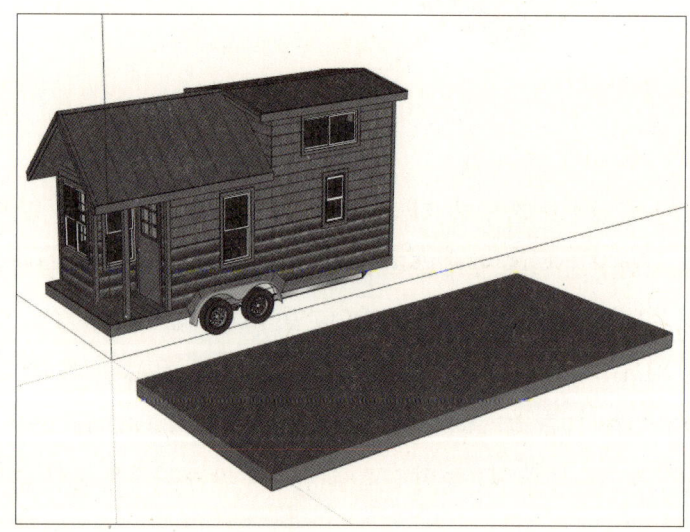

Move 툴을 이용해서 새로 만든 트레일러 바닥의 정면 윗부분의 모서리를 잡아서, 원본의 정면 윗부분 모서리로 가져간다. 아래의 그림처럼 작업을 하면서 조금씩 확대해 정확한 위치에 놓이게 한다. 위쪽 끝이 맞춰진 것을 확인하자. 하지만 새로운 그룹이 더 아래로 내려와 있다. 프린트했을 때 강도를 높아지도록 트레일러 바닥의 두께를 두껍게 만들어주기 위해서다. 윗면이 맞춰진 것은 Z-fighting 현상으로 알 수 있다. 트레일러 바닥은 옆면으로 둘러싸여 있는데, 원본과 새로 만든 모델의 옆면이 같은 평면에 위치해서, 두 면의 색상이 서로 충돌하는 것이다.

새로 만든 그룹의 모서리가 원본 모델의 모서리와 완전히 일치하게 한다.

새로운 모델을 원본보다 크게 확대해서, 옆면이 서로 일치하지 않게 한다. Scale 툴을 이용하면 이를 쉽게 바로잡을 수 있다. 새로운 그룹을 선택한 다음, **Scale** 툴을 클릭하고 한쪽 면에 있는 가장 가운데의 그립을 이용해서 정상적인 크기가 될 때까지 눌러준다. 가장 가운데의 그립을 이용하면, 아래 그림처럼 같은 축상에 있는 그룹 크기를 한번에 변경할 수 있다. Push/Pull 툴을 이용할 수도 있지만, Scale 툴을 이용하면 그룹을 열거나 닫는 과정을 줄일 수 있다.

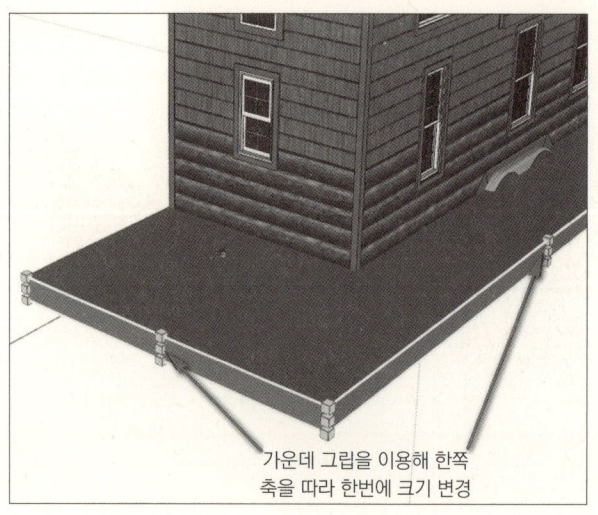

가운데 그립을 이용해 한쪽
축을 따라 한번에 크기 변경

Scale 툴과 함께 추정 기능을 이용해 아래 그림처럼 새 그룹을 원본 그룹에 맞춰주고, 새 트레일러 바닥의 마지막 면까지 반복해준다.

그룹 크기를 정확하게 변경하기 위해 추정 기능 사용

바깥쪽에 3mm 두께의 벽을 만들자. 아래 그림처럼 한쪽으로 떨어진 곳에 3mm 두께의 직육면체를 만들자. 박스를 그룹으로 만든다. 그룹을 복사해서 원래 모델을 대신할 새 벽을 만들어주면, 전체 모델의 벽 두께를 일정하게 3mm로 만들 수 있다.

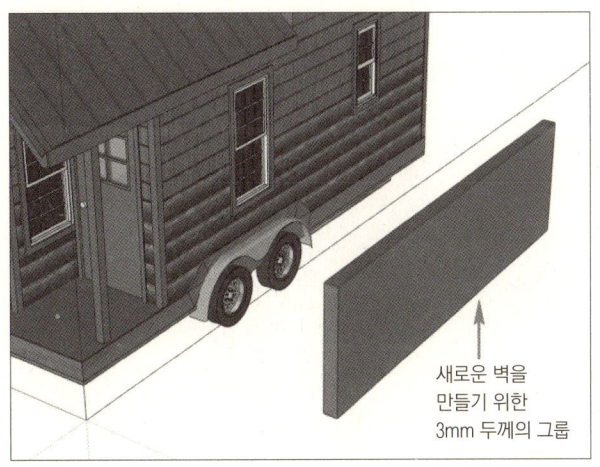

새로운 벽을
만들기 위한
3mm 두께의 그룹

원본 모델의 레이어를 숨겨서 방해되지 않게 하고, 새로운 벽을 새 트레일러 바닥에 세운다. 필요에 따라 원본 모델의 레이어를 보이게 하거나 숨기면서, 트레일러 바닥을 만들 때와 같이 Scale 툴을 이용해 아래 그림처럼 원본 벽과 새로운 벽을 맞춰준다. 한 번에 한 방향으로만(길이 혹은 높이) 크기를 변경하고, 두께는 변경해서는 안된다. 이렇게 하면 벽 두께가 일정하게 3mm가 된다.

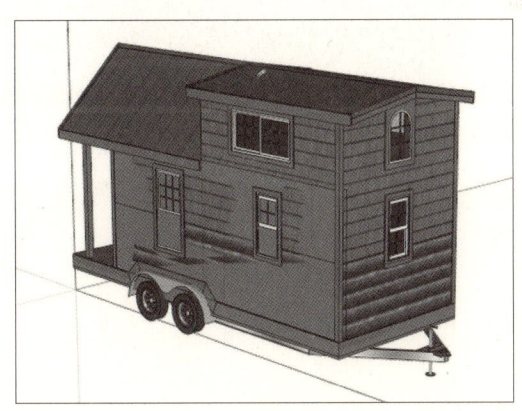

새로 만든 벽을 집의 반대편에 복사해주고, 남은 벽도 똑같이 작업해준다. 두 번째 벽을 만들 때 한 번 더 그리는 대신 첫 번째 벽을 복사한다는 사실을 기억하자. 첫 번째 벽을 복사해서 90도 회전시키면 나머지 벽도 만들 수 있다.

 여기서 가장 중요한 것은 모든 벽이 모퉁이에서 정확하게 만나야 한다는 것이다. 벽이 겹치는 것은 괜찮지만, 틈이 생겨서 서로 닿지 않는다면 Outer Shell 커맨드가 동작하지 않거나 최종 프린트에서 실패할 수 있다.

디테일 추가를 위한 벽 수정

벽면 상부에 경사진 지붕 아래의 뾰족한 부분을 만들어주려면, 벽의 끝을 지붕 끝까지 늘린 다음, 수정을 위해 그룹을 열고 아래 그림처럼 선을 그려 뾰족한 부분을 만들어준다. push/pull 툴로 불필요한 부분을 없애서 마무리한다.

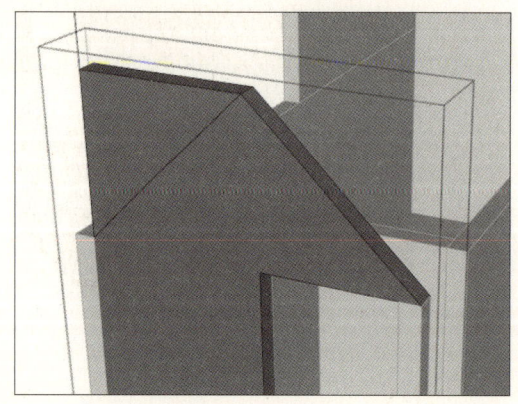

이 단계를 마치면 벽은 아래 그림과 같은 모습이어야 한다. 다음 단계에서 창문과 문을 만들어보자.

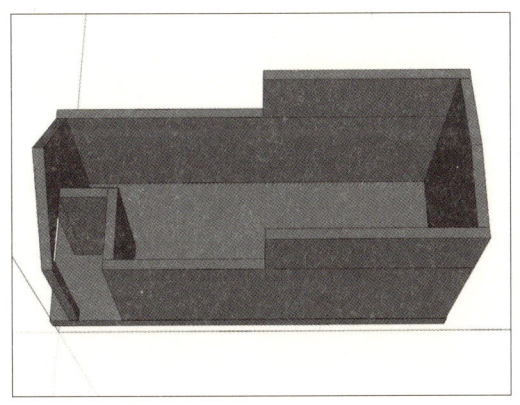

창문을 만들기 위해서 원본 모델의 레이어를 보이게 하고, 벽에 수직인 가이드라인 하나를 만든다. Move 툴과 Ctrl 키를 이용해서 복사하고, 두 개의 가이드라인을 창문의 반대쪽 모서리에 위치하게 한다. 그러면 새로 만든 벽을 통과하는 두 개의 점이 생기고, 이 점을 이용해서 새로 만든 벽에다 바로 직사각형을 그릴 수 있다. 아래 그림처럼 직사각형을 push/pull 툴로 창문을 만들 수 있다.

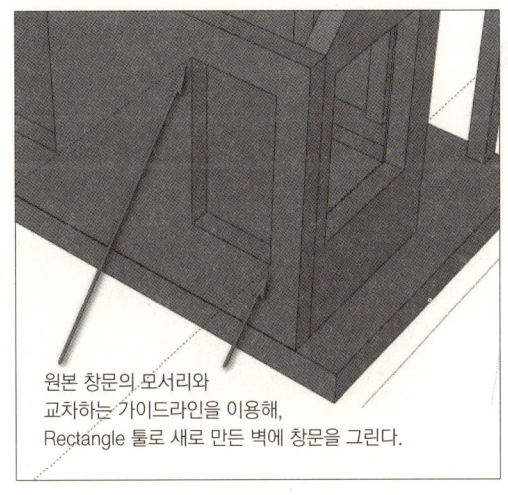

원본 창문의 모서리와 교차하는 가이드라인을 이용해, Rectangle 툴로 새로 만든 벽에 창문을 그린다.

창살 넣기

다음 단계는 창문에 창살을 넣어주는 것이다. 창살이 제대로 프린트되게 하려면 크기를 늘려줘야 한다. 48:1의 비율로 축소해서 만든 원본 모델은 창살의 두께가 0.2mm밖에 되지 않기 때문에, 우리가 선택한 프린터에서 프린트하기에는 두께가 너무 얇다. 창살 길이가 짧아서 벽 두께는 최소 권장값인 1.5mm면 충분할 것이다. 1.5 mm×1.5 mm의 정사각형을 그려서 창 높이 정도의 길이로 당겨주고, 아래 그림처럼 그룹으로 만들어준다.

이 그룹을 복사해서 창살을 만든다.

추정 기능을 이용해 창살 그룹의 가운데 지점을 창문의 가운데 시점으로 맞춰주어 창살을 제 위치로 보낸다. 창문에 길이가 맞을 때까지 수직 축을 따라서 길이만 늘여준다. 그리고 이를 복사하고 90도 회전시켜서, 가로로 난 창살을 만들고 같은 방법으로 가운데로 맞춰준다. 항상 창살 그룹이 벽 그룹과 접하거나 교차하게 해서, 프린트 시 문제가 될 수 있는 틈이 생기지 않게 하자.

다음 그림에서 창문과 문을 모두 파내고, 창살을 넣은 벽의 모습을 확인할 수 있다.

내부 벽 추가

내부의 벽과 다락은 외부 벽과 같은 방법으로 추가할 수 있다. 이런 벽은 건드릴 일이 별로 없어 튼튼하게 만들 필요가 없으므로, 조금 더 얇게 만들겠다. 2mm면 충분하다. 내벽은 아래의 그림에서 확인할 수 있다.

지붕 모델링

다음 단계로 지붕을 모델링한다. 먼저 지붕의 프로파일을 그리는데, 반드시 벽 전체의 최소 두께가 1.5mm가 되게 한다. 아래 그림에서 전체 두께는 4mm이기 때문에, 처마 근처도 충분한 두께가 나온다. 아래 그림에서 처마와 벽 사이에 0.2mm의 간격이 있는 것을 확인하자. 그래야 따로 프린트해서 지붕을 얹었을 때 너무 꽉 끼지 않는다.

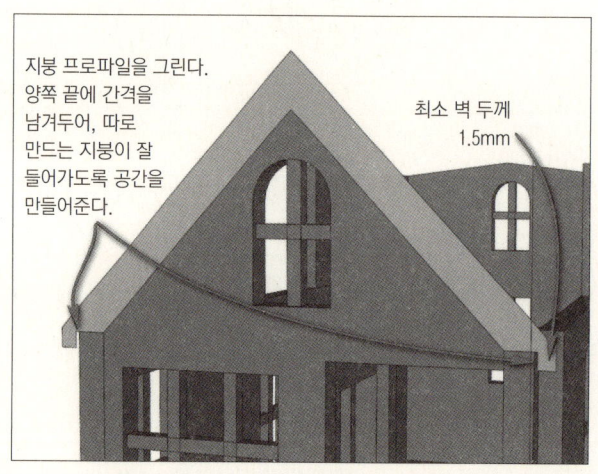

Push/pull 툴로 원본 모델의 길이에 맞춰서 지붕을 밀어준다. 같은 방법으로 위쪽 지붕을 만들고, 수직면을 만들어 아래쪽 지붕과 위쪽 지붕 사이의 면을 연결한다. 각각의 부분을 별도의 그룹으로 그린 후에, 수직 벽과 지붕을 Outer Shell 툴로 합친다.

아래 그림에서는 나머지 부분은 숨기고, 하나로 합친 지붕의 모습만 보여주고 있다.

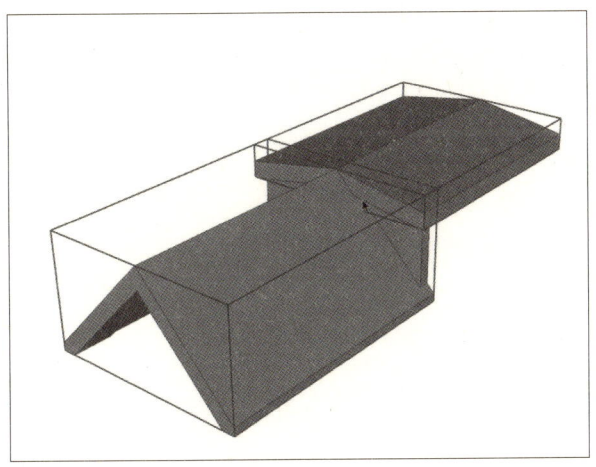

FFF 프린터로 프린트하기 위해서 두 개의 지붕을 별도로 가져간다. 두 지붕이 집의 중앙에서 겹치기 때문에, 스케치업 프로에서 Subtract 툴을 사용해서 겹치는 부분을 삭제해주었다. 스케치업 메이크의 Intersect with Model 커맨드로 같은 동작을 수행할 수 있다. Intersect with Model 커맨드에 대한 자세한 정보는 6장 휴대폰 거치대 설계를 참고하기 바란다.

프린트할 방향 정하기

이제 모델이 거의 완성되었다. 아래 그림에서 지지대 없이 손쉽게 프린트하기 위한 지붕의 위치를 확인하자. 위쪽 지붕과 아래쪽 지붕을 연결하는 수직면이 프린트의 바닥 쪽으로 오도록 평평하게 놓으면, 지붕의 나머지 부분이 지지대 역할을 하게 할 수 있다.

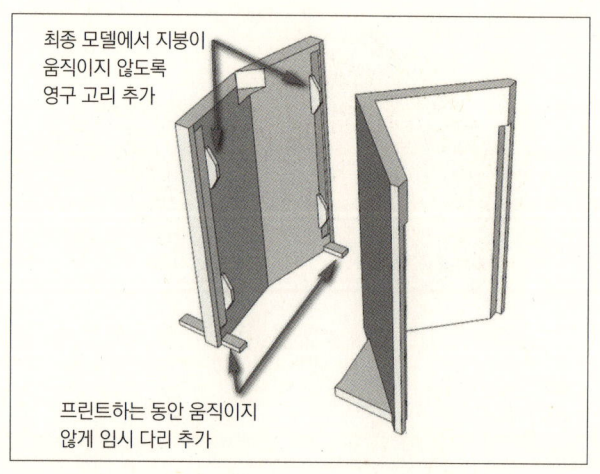

프린트할 위치에 지붕을 배치하면 다른 부분을 추가할 수 있다. 왼쪽에 있는 얇은 지붕은, 바닥에 닿는 면은 작지만 상대적으로 높다. 이처럼 길고 얇은 부분은 프린트하는 동안에 프린트 헤드에 의해서 쉽게 넘어질 수 있다. 임시 다리를 추가해주면 프린트하는 동안 움직이지 않을 것이다. 다리는 프린트 후에 칼로 잘라내면 된다.

얇은 지붕에 안정감을 줄 수 있는 고리를 추가해줄 수도 있다. 경사진 지붕에는 모서리가 있어서 프린트한 후에 벽 위에다 걸 수 있다. 하지만 얇은 지붕이 벽 위에서 움직이는 것을 막아줄 게 없다. 앞의 그림에서 본 것처럼 고리를 추가해주면 지붕이 움직이지 않고, 최종 모델에서 고리는 보이지 않는다. 프린트할 위치에 높고 고리를 추가해야, 고리가 지지대 없이 돌출부를 프린트하기 위한 45도 법칙을 만족하는지 확인할 수 있다.

계속해서 내부를 살펴보자. 이대로 프린트한다면 다락이 커다란 돌출부를 형성해서 지지대가 많이 필요하다. 내부 벽과 다락을 선택하고, Outer Shell 툴을 이용해 모두 하나의 솔리드로 연결한다.

내부 벽과 다락을 나머지 모델과 분리하고, 아래 그림처럼 뒤집어서 프린트하면 지지대가 없어도 된다.

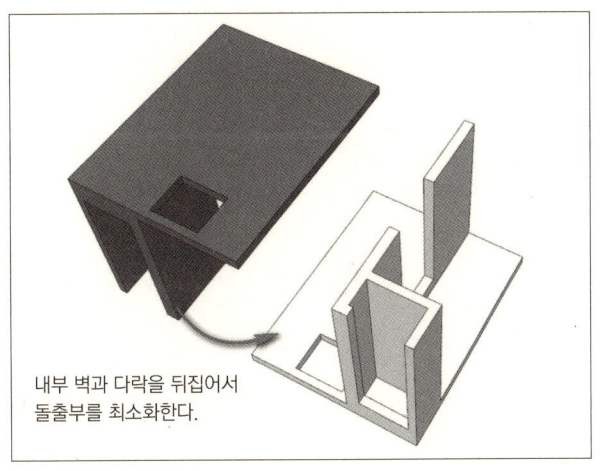

내부 벽과 다락을 뒤집어서
돌출부를 최소화한다.

네 개의 부분으로 나눠진 모델은 지지대 없이 한번에 모두 프린트할 수 있고, 프린트 후에 수작업을 별로 하지 않고 조립할 수 있다. 마지막으로 남은 한 가지는 벽, 바닥, 창살 그룹을 프린트할 수 있는 하나의 솔리드로 만드는 것이다. 지금까지와 마찬가지로 변경 이력을 남기기 위해 전체를 복사하고 진행하기 바란다. 이렇게 하면 다시 돌아가서 특정 부분을 수정하고 싶을 때, 각각의 그룹으로 나누어져 있기 때문에 더 쉽게 작업할 수가 있다.

아래 그림처럼 모델이 완성되면, 프린트하기 위해서 데스크톱 프린트로 내보낼 준비가 끝났다.

모델 프린트 및 보너스 설명

아래 그림에서, 최종 프린트된 모델을 확인할 수 있다. 모든 부분이 튼튼해 보이며, 크기도 서로 잘 맞다. 이 모델은 의사소통 수단의 역할을 제대로 할 수 있을 것이다.

내부 벽과 다락은 자리에 딱 맞게 만들어졌다. 프린트하고 보니, 내부와 벽은 나머지 부분과 같이 프린트하고, 다락만 따로 프린트할 수 있겠다.

창문에 창살이 없다는 사실을 아마 발견했을 것이다. 두 번을 프린트했지만 결과가 좋지 않아 칼로 모두 잘라내버렸다.

가늘고 긴 부분이 프린트하기가 어려운 이유가 기억나는가? 그런 경우의 좋은 예를 아래 사진에서 볼 수 있다. 두 번째 프린트한 오두막이 금방 나왔을 때의 모습이다.

창문 일부는 괜찮아 보이지만 일부는 수직 창살이 프린트되지 않은 것을 알 수 있다. 가늘고 긴 부분은 프린트 헤드가 지나갈 때 쉽게 쓰러질 수 있다. 이 두 번째 프린트에는 세로 창살의 길이를 줄이려고 긴 창문에다 세로 창살을 하나 추가해주었다. 또 두께를 1.5mm에서 2mm로 늘려주었지만, 여전히 제대로 프린트가 되지 않았다. 두께를 더 늘리면 창문에서 창살이 너무 많은 부분을 차지해서, 잘라내는 편이 가장 좋다는 생각이 들었다.

현관 구석에 있는 가늘고 긴 기둥도 같은 이유로 첫 번째 프린트에서 문제가 되었다. 4.5mm로 두께를 늘렸더니 두 번째에는 제대로 프린트되었다.

재료를 절약하기 위해서, 원래 5mm이던 바닥 두께를 두 번째 프린트할 때 2.5mm로 줄였다. 모델은 여전히 튼튼하지만, 프린트 시간과 재료는 상당히 절약되었다.

이 모델을 프린트하면서 3D 프린트 사용에 어려움을 느꼈다. 프린터를 사용해 봤다는 사실과 이 책을 쓰는 짧은 몇 달 동안 나만의 프린터를 가질 수 있다는 그 자체가 좋았지만, 다양한 상황에서 맞게 프린터 설정을 변경하는 법을 배우지는 못했다. 일부 설정을 바꿀 수 있었다면, 이 모델에서 창문도 제대로 프린트할 수 있었을지 모른다.

재미있는 통계를 살펴보자. 이 모델을 프린트하는 데 필요한 사항은 다음과 같다.

- 재료: ABS 플라스틱(발열판 있음, 챔버 있음)
- 부품 전체 프린트 시간: 8시간
- 재료비: 2.25달러(1회 프린트 비용만 포함)

가정용 3D 프린터에서 문제를 해결해야 하거나 다시 프린트해야 하는 일은 흔히 생긴다. 그래서 프린트 서비스에 보내서 프린트하는 것이 설계자의 시간을 아끼는 방법이다. 이것이 바로 다음에 우리가 다룰 내용이다!

컬러 프린트할 모델 준비

원본 텍스처를 최대한 살린 모델을 원한다면, 렌더링에 적용한 텍스처를 그대로 사용해서 컬러로 모델을 프린트할 수 있다. 컬러 프린트를 위해 필요한 사항은 7장 지형 삽입 및 컬러 인쇄를 참조하기 바란다.

컬러 프린터는 파우더를 사용한다. 따라서 모델 자체가 지지대 역할을 하게 하고, 부품들을 두 개의 솔리드로 합칠 수 있다. 아래 그림처럼 내부가 보이도록 지붕을 분리할 수 있게 만들려고 한다. 지붕의 두 부분을 하나로 합치고, 외부 벽과 내부 벽을 하나로 합치면 프린트 후 조립 작업을 최소화할 수 있다.

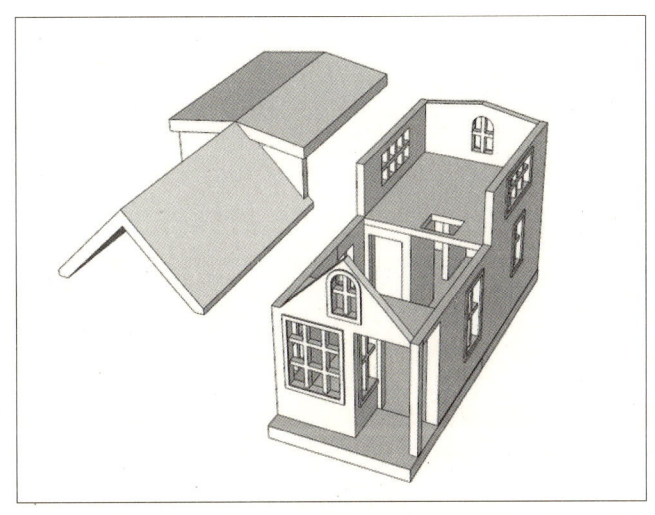

i.materialise 프린트 서비스(http://i.materialise.com/materials/multicolor/design-guide)에서 해당 재료의 필요 조건을 살펴보면, 하나의 프린트 파일 안에서 여러 개의 부품을 프린트할 수 있다는 걸 알 수 있다. 이렇게 하면 효과가 있을 것이다.

i.materialise 프린트 서비스는 컬러로 된 스케치업 모델을 처음으로 프린트하는 사람에게 좋은 선택이다. i.materialise는 .SKP 형식의 파일을 바로 받아주기 때문이다. 다른 프린트 서비스를 사용하려면 컬러 모델을 .DAE나 .WRL 형

식으로 변환하고, 파일 내부의 텍스처를 모두 하나로 합쳐서 모델 내의 텍스처를 모두 포함하는 단일의 텍스처맵을 만들어야 할 수도 있다.

다음 단계는 새 모델에 텍스처를 적용하는 것이다. 스케치업에서 이미지 텍스처는 실제 크기이기 때문에, 텍스처를 넣기 위해서는 모델을 원래 크기로 다시 바꾸어야 한다. 원본 모델을 보이게 해서 기준으로 사용하고, 모델에 텍스처와 색상을 넣어준다. 이 단계에서 스케치업의 투명한 텍스처는 3D 프린트 시에는 나타나지 않는다.

 Eyedropper의 Sample 툴을 이용하면 빠르게 원본 모델에서 텍스처를 가져올 수 있다. Eyedropper를 사용하려면, Paint Bucket 툴을 선택하고, Alt 키(윈도우) 혹은 Command 키(맥)을 누른 상태에서 원하는 텍스처를 선택한다. Alt 키 혹은 Command 키에서 손을 떼면 새 모델이 해당 텍스처로 칠해진다.

바닥과 같이 넓은 면을 나눠서 다양한 텍스처를 넣어주고 싶으면, 텍스처를 바꾸고 싶은 부분에 다 선만 그려주면 된다. 선은 양쪽 끝의 모서리와 연결되어 면을 나눠주어야 한다. 이제 선 양쪽에 다른 텍스처를 적용할 수 있다.

텍스처 작업이 끝나면, 면 앞쪽에는 모두 텍스처가 적용되고 면 뒤쪽은 모두 적용되어서는 안된다. 쉽게 확인하기 위해서는 2장 3D 프린팅을 위한 스케치업 설치에서 다루었듯이, 앞면이 밝은 색이 되게 스타일을 바꿔준다. 텍스처가 들어가지 않은 면이 있다면 수정을 해야 한다. Section Plane을 이용해 내부 벽을 확인해보자.

면의 뒤쪽을 확인하려면, 면을 모두 반전시키면 된다. 면을 전부 선택하기 위해서 모델의 면을 세 번 클릭하고, 마우스 오른쪽을 클릭한 뒤 Reverse Faces를 클릭한다. 모든 면이 선택된 상태에서 디폴트 색을 적용하면 불필요한 텍스처가 없는지 확인할 수 있다. 면 뒤쪽에 디폴트 색을 적용해도 면 앞쪽에 칠해진 텍스처에는 지장을 주지 않을 것이다. 이제 면에서 마우스 오른쪽을 클릭하고,

다시 한 번 Reverse Faces를 선택해서 텍스처가 들어간 면이 앞으로 오게 한다. 지붕 그룹 두 개와 벽 그룹에 이 과정을 반복하면, 모델이 아래의 그림과 같은 모습이 된다.

마지막으로 두 개의 그룹 모두 솔리드가 맞는지 모델을 한 번 더 확인해주고, 필요한 경우에는 수정한다. 이제 모델을 프린트할 크기로 다시 줄여준다. 새로운 파일로 모델을 저장하고, 프린트할 두 개의 그룹을 제외한 모든 것을 지운다. i.materialise에서는 스케치업 파일을 그대로 받아주기 때문에, 이대로 프린트를 위해 업로드하면 된다.

프린트할 방향 정하기

마지막 단계는 두 개의 그룹을 최대한 서로 가깝게 붙여줘 모델 크기를 줄여, 함께 묶어주는 경계 박스를 최소화하는 것이다(경계 박스는 모델이 들어갈 수 있는 가장 작은 가상의 상자다). 이렇게 하면 프린트 공간을 절약해주고, 프린트 서비스에서 더 저렴한 가격으로 프린트할 수 있다. 하지만 부품들이 서로 닿거나 교차해서는 안된다. 그렇지 않으면 두 개의 부품이 붙어서 프린트될 것이다.

이 모델에서는 지붕을 벽 위의 제자리에 두는 것이 경계 박스를 최소화하는 방법이다. 설계 가이드라인에는 두 부품을 분리하기 위해서 최소 0.4mm의 틈을 남겨두게 되어 있다. 안전하게 지붕을 위로 2mm 올리고, 현관문 쪽으로 2mm 앞으로 밀어주어 아래 그림과 같이 벽과 분리되게 한다.

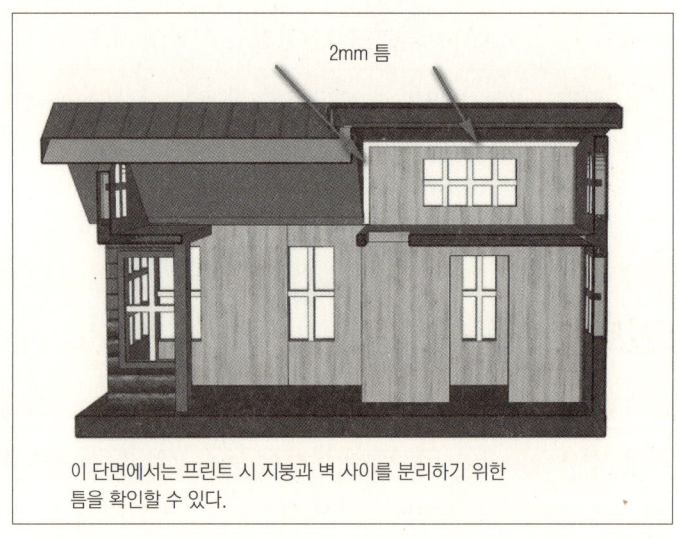

이 단면에서는 프린트 시 지붕과 벽 사이를 분리하기 위한 틈을 확인할 수 있다.

i.materialise에서 프린트하기

i.materialise 웹 사이트(http://i.materialise.com/)에 모델을 업로드하거나 확장 기능(http://extensions.sketchup.com/en/content/3dprint-service)을 통해서 모델을 업로드한다. 업로드나 주문 과정에서 문제가 발생하면 고객 센터에 메일을 보내 도움을 요청한다.

i.materialise에서 모델을 프린트할 준비가 끝났다!

Shapeways에서 프린트하기

Shapeways에서 이 모델을 프린트하려면, .DAE 파일 혹은 .WRL 파일로 내보내기해야 한다. 7장 지형 삽입 및 컬러 인쇄의 단계별 과정을 참고하자.

Shapeways에서 컬러로 프린트하기 위한 필요한 사항에 대한 더 많은 정보는 다음 웹 페이지(https://www.shapeways.com/tutorials/exporting_to_vrml_and_x3d_for_color_printing)에서 확인할 수 있다.

컬러 프린트한 이동식 주택

이 모델을 프린트하기 위해서 서비스가 빠르고, 가격이 조금 더 저렴한 Shapeways을 선택했다. 약 2주 내로 모델이 배송되었고, 결과는 매우 만족스러웠다. 마감은 각설탕처럼 조금 거칠었다. 색상도 밝고 선명했지만, 다음의 두 그림에 보듯이 창살이 특히 마음에 들었다.

아래 그림에서는 지붕 베이스를 벽에 올릴 수 있게 지붕 안쪽 면이 까슬까슬한 것을 볼 수 있다. 지붕이 아주 잘 맞았고, 제 자리에 놓으면 하나로 된 집으로 보인다.

주문도 편리하고, 전문가가 프린트한 완벽한 모델을 받아볼 수 있다. 이 방법을 쓰면, 프린트되지 않는 문제를 해결하는 대신 설계자로서 모델을 만드는 데 집중할 수 있다. 당연히 3D 프린터 작동에 도전해 보고 싶다고 해도 전혀 문제 없다!

요약

8장에서는 기존의 스케치업 건축 모델을 사용해서 3D 프린트 가능한 모델의 템플릿을 만드는 방법을 배웠다. 또 데스크톱 FFF 프린터에서 지지대를 최소화하기 위해서 모델을 여러 개로 나누는 방법과 모델을 프린트하기 위한 다른 방법들도 배웠다.

또 두 종류의 다른 프린트 서비스를 이용해 모델을 컬러로 프린트하는 법과, 두 가지 서비스를 각각 어떻게 이용해야 하는지 배웠다. 전문가가 프린트하도록 프린트 서비스에 모델을 의뢰한다면, 설계자로서 모델링에 집중할 수 있으며 3D로 프린트 시에 문제가 생기는 것을 걱정하지 않아도 된다.

부록 성공적인 3D 프린팅을 위한 리소스에서는 문제 해결 가이드가 수록되어, 모델이 솔리드가 되지 못하게 하는 문제에 대한 해결책을 제시한다. 프로그램의 리소스 목록도 포함되어 있어, 자신만의 스케치업 모델을 3D 프린트하는 데 도움이 될 것이다.

부록

성공적인 3D 프린팅을 위한 참고 자료

부록에서는 자주 발생하는 문제에 대한 빠른 해결 방법과 내가 스케치업으로 모델링을 배우면서, 스케치업으로 3D 프린트하면서 궁금했던 사항을 주로 다룬다. 즐겨 사용하는 3D 프린팅 관련 프로그램과 자주 방문하는 웹 사이트 리스트도 엄선했다.

모델이 솔리드가 아닐 때 문제 해결

모델이 솔리드가 되는 걸 막는 자주 발생하는 문제가 몇 가지 있다. Solid Inspector 확장 기능을 사용하면 이러한 문제가 드러나게 해준다.

 솔리드 모델에서 모든 선은 정확히 두 개의 면에 속해야 한다. 선이 속한 면이 두 개 이상이면 내부에 면이 존재하고, 두 개 이하면 면에 끊어진 곳이 있는 것이다.

아래의 문제 해결 안내 양식은 필요할 때 바로 참조할 수 있게 프린트해두자.

문제	해결책
면이 교차하거나 겹치는 경우	Intersect with Model 커맨드를 사용해서 교차지점에 선을 생성하고, 내부 면을 지운다. 교차하는 면들이 별도의 솔리드 그룹이라면 Outer Shell 툴로 합쳐준다.
면이 끊어진 경우	면을 만들어주기 위해서 끊어진 부분의 경계 위로 다시 선을 그려준다. 이 방법이 불가능한 경우에는, Line 툴을 사용해서 남은 선끼리 연결해 뚫린 면을 막아준다. 삼각형도 면이므로, 구멍이 생긴 부분은 항상 삼각형을 만들어 이어 붙인다. 선이 아주 짧은 경우(약 1mm보다 작은 경우)에는 확대해서 구멍을 메워주는 것이 좋다.
면이 중복된 경우	이 문제는 해결하기가 어렵다. Solid Inspector 확장 기능으로 문제를 찾아내도 아무 문제가 없어 보이기 때문이다. 이런 문제는 한 곳에 면이 여러 개 생성된 경우에 발생한다. 그냥 끊어질 때까지 면을 하나씩 선택해서 지운 뒤에, Undo 커맨드로 직전 상태로 되돌린다. Move 툴로 모델을 복사해서 문제를 해결할 수도 있는데, 여러 개의 면이 중복된 경우에 더 빨리 해결할 수 있다.
그룹 내부에 그룹이 있는 경우	내부에 들어 있는 그룹이나 컴포넌트가 필요 조건을 모두 만족하더라도 스케치업에서 솔리드로 인식되지 않는다. Solid Inspector에서도 이 문제는 인식되지 않는다. 해결책은 Edit 메뉴의 Cut과 Paste in place 커맨드를 이용해서, 내부에 있는 그룹을 메인 그룹 밖으로 꺼내는 것이다.
내부에 면이 있는 경우	솔리드 모델의 내부에 겉면에 포함되지 않는 어떠한 도형이라도 존재한다면, 모델이 솔리드가 되지 못하게 한다. 이러한 도형은 선택해서 삭제해야 한다. 모델 내부를 보려면, Section Plane 툴을 이용한다. 또 다른 좋은 방법으로는 모델의 일부를 잘라내고, 내부 작업을 마친 후에 잘라낸 부분을 Paste in place하는 것이다. 곡면 모델에서는 Soften Edges 다이얼로그를 사용해서, 표면을 부드럽게 만들어준다. 부드러워져야 할 모서리가 그대로 있는 곳이 있다면 내부에 면이 있는지 확인해본다.

(이어짐)

문제	해결책
면이 반전된 경우	스케치업에서 면이 반전된다고 해서 모델이 솔리드로 나타나지 않는 건 아니지만, 모델을 프린트할 때 문제가 생긴다. 마우스 오른쪽을 클릭한 뒤, Reverse faces를 선택해 이 문제를 바로잡는다. 반전된 면이 많은 경우에는, 앞면에다 마우스 오른쪽을 클릭하고, Orient Faces를 클릭해서 한꺼번에 모두 바로 잡는다. Orient Faces 커맨드가 동작하지 않는다면 모델 내부에 면이 존재할 수 있으므로 이를 삭제해야 한다.
불필요한 선들이 존재하는 경우	불필요한 선들은 끝이 한쪽만 연결되어 있다. 수동으로 지우거나, Cleanup 확장 기능을 이용해 자동으로 삭제한다.

스케치업 확장 기능

플러그인이라고도 하는 확장 기능은 스케치업의 기능을 확장하는 역할을 하며, 온라인에서 쉽게 찾아볼 수 있다.

온라인에서 확장 기능 찾기

확장 기능을 다운로드할 수 있는 웹 사이트는 다음과 같다.

- Extensions Warehouse(http://extensions.sketchup.com/)는 확장 기능을 받을 수 있는 공식 사이트다. 메뉴의 Window > Extensions Warehouse를 선택하면 스케치업 프로그램에서도 바로 접근할 수 있다.

- SketchUcation Plugin Store(http://sketchucation.com/resources/plugin-store-download)는 확장 기능을 다운로드하고 관리할 수 있는 기능이 있다. 가장 많은 스케치업 확장 기능을 보유하고 있는 온라인 사이트다. 바로 설치, 플러그인 정렬 등 유용한 기능이 많다.

- Smustard(http://www.smustard.com/)는 무료부터 유료까지 다양한 플러그인을 제공한다.

이 책에 언급된 확장 기능

이 책에 언급된 확장 기능 및 플러그인은 다음과 같다.

- SketchUp STL(http://extensions.sketchup.com/en/content/sketchup-stl)은 스케치업 모델을 3D 프린트할 수 있게 .STL 형식으로 변환해준다.
- Solid Inspector(http://extensions.sketchup.com/en/content/solidinspector)는 그룹이나 컴포넌트가 솔리드가 되지 못하게 막는 오류가 있는지 검사한다.
- CleanUp[3](http://extensions.sketchup.com/en/content/cleanup%C2%B3)는 불필요한 선을 자동으로 제거하고 다른 귀찮은 작업들을 대신 해준다.
- Import DXF(http://sketchucation.com/forums/viewtopic.php?f=323&t=31186)를 이용하면 기존 아트워크를 .DXF 형식으로 불러올 수 있다.
- Edge Tools[2](https://extensions.sketchup.com/en/content/ edgetools²)는 .DXF와 .DWG 파일을 불러와 clean up한다.
- Make Faces(http://www.smustard.com/script/MakeFaces)는 선으로 이루어진 도면을 불러오면, 면으로 채워서 3D로 push/pull 할 수 있게 만들어준다.
- Roundcorner(http://sketchucation.com/forums/viewtopic.php?t=204853D)는 3D 모델에 살을 붙여 모서리를 둥글게 만들 때 사용한다.
- BezierSpline(http://sketchucation.com/forums/viewtopic.php?t=13563)는 복잡한 곡선을 만들 때 사용한다.
- Joint Push Pull Interactive(http://sketchucation.com/forums/viewtopic.php?p=496773)는 벽 두께를 만들 때 사용한다. 간단하거나 약간 복잡한 모델에서 가장 효과가 좋다.

- Add Terrain Skirt(http://sketchucation.com/forums/viewtopic.php?p=359903#p359903)는 지형 모델에 평평한 베이스를 빠르게 넣어주어, 프린트할 수 있는 solid 상태로 만들어준다.
- i.materialise 3D Print Service(http://extensions.sketchup.com/en/content/3d-print-service)를 이용하면, 스케치업에서 모델을 바로 웹 사이트에 업로드할 수 있다.

더욱 유용한 확장 기능

아래의 확장 기능 역시 유용하다.

- Curviloft(http://forums.sketchucation.com/viewtopic.php?t=28586)는 복잡한 곡면을 생성할 때 사용한다.
- Bounding box(http://extensions.sketchup.com/en/content/drawboundingbox)는 그룹이나 컴포넌트의 바운딩 박스에 면을 그려준다. 모양이 특이한 객체를 정렬할 때 유용하다.
- 39달러로 유료인 Artisan(http://artisan4sketchup.com/)는 유기적인 모델링을 위해서 스케치업 내부에 세분화 기능을 추가해준다.

스케치업 강좌

스케치업 초보자라면 내가 모델링을 배울 때 참고했던 아래의 리소스를 이용해보자.

- 공식 스케치업 강좌 사이트(http://www.sketchup.com/learn)에서는 무료 비디오, 다운로드 가능한 단계별 튜토리얼 등을 스케치업이 직접 제공한다.

- 스케치업 팀원 중 하나인 저자가 쓴 『Google SketchUp 8 for Dummies』 (와일리 출판, http://www.aidanchopra.com/book-info)는 스케치업 8을 쉽게 따라 할 수 있는 형식으로 되어 있다. 책 내용 대부분이 최신 스케치업 버전에도 여전히 적용된다.
- SketchUp School(http://www.go-2-school.com)은 전문가들이 만든 비디오 강좌로 유튜브(http://www.youtube.com/user/4sketchupgo2school)에서도 무료로 시청할 수 있다.

3D 프린팅 관련 프로그램

스케치업에 부족한 기능을 보완하기 위해서, 3D 모델 작업에 상용되는 프로그램은 다음과 같다.

- Netfabb Basic(http://www.netfabb.com/basic.php)은 STL 파일의 오류를 수정에 사용할 수 있는 무료 프로그램이다.
- Netfabb Cloud(https://netfabb.azurewebsites.net/)는 STL 파일을 수정할 수 있는 강력한 무료 온라인 사이트다. 모델을 clean up하고, 면이 없어지거나 내부에 도형이 생기는 등의 오류를 수정할 때 이용한다.
- Meshlab(http://meshlab.sourceforge.net)은 스케치업으로 불러오기 혹은 스케치업에서 내보내기를 할 때 다양한 파일 형식으로 변환해준다.

3D 모델 제공 사이트

아래 웹 사이트에서는 다른 사람들이 만들어놓은 모델을 제공한다. 여기서 모델을 다운로드하고, 필요에 따라 수정해보자. 원하는 모델에 가까운 것을 찾는다면 엄청나게 시간을 절약할 수 있다!

- Thingiverse(http://www.thingiverse.com/)는 가장 방대한 3D 프린팅 모델을 보유하고 있는 온라인 사이트다.
- SketchUp 3D Warehouse(https://3dwarehouse.sketchup.com/)는 방대한 스케치업 모델을 보유하고 있지만, 모델 대부분이 솔리드 상태여야 프린트할 수 있다.
- GrabCAD(https://grabcad.com/)는 공학용 모델을 제공하는 사이트로 대부분은 스케치업에서 불러오기하려면 변환이 필요하다.

3D 프린트 서비스

프린트를 보유하고 있지 않다면 모델을 만들기 위해서 프린트 서비스가 필요하다. 프린트가 있더라도, 구하기 힘든 재료로 프린트하고 싶다면 프린트 서비스가 필요하다. 프린트 서비스마다 사업 모델이 조금씩 다르다.

쇼핑몰 형태의 산업용 서비스

아래는 대중에게 디자인을 제공할 뿐 아니라, 설계자들이 고품질의 모델을 주문할 수 있는 서비스들이다. 프린팅 서비스와 고객에 대한 서비스는 프린트 서비스가 담당하고, 설계자는 자신의 디자인이 팔릴 경우 금액을 지불 받는다.

- Shapeways(http://www.shapeways.com/)는 가격대가 가장 좋으며, 소비자에 대한 서비스가 뛰어나다. 뉴욕과 네덜란드에 지점이 있다.
- i.materialise(http://i.materialise.com/)에서는 다양한 재료를 선택할 수 있고, 스케치업에 대한 지원이 좋으며, 속성 서비스도 제공하고 멋진 공모전도 있다. 벨기에에 본거지를 두고 있다.

- Sculpteo(http://www.sculpteo.com/en/)에서는 스케치업 파일을 프린트할 수 있고, 빠르게 프린트해주며, 디자이너를 위한 획기적인 툴을 제공한다. 프랑스에 본거지를 두고 있다.
- Kraftwurx(http://www.kraftwurx.com/)에서는 아주 다양한 재료를 이용할 수 있다. 백금이나 그 외에 다양한 재료를 포함해 현재까지는 가장 다양한 곳이다. 미국 텍사스에 본거지를 두고 있으며, 전 세계적으로 프린팅 허브를 구축하고 있다.

크라우드소싱 프린트 서비스

아래 웹 사이트에서는 누구나 자신의 프린터를 등록하고, 프린팅 일을 맡을 수 있다. 로컬 프린터로 이러한 서비스를 많이 이용한다. 등록된 프린터 대부분은 작은 데스크톱 프린터지만, 산업용 프린터와 맞춤형 서비스를 제공할 수 있는 직원을 보유한 중소기업들도 많다.

- MakeXYZ(http://makexyz.com/)
- 3DHubs(http://www.3dhubs.com/)

문의

이 책을 읽고 여러분이 3D 프린팅을 배우는 과정에서 스케치업이 큰 비중을 차지하게 되길 바란다. 책에서 언급한 것 외에 내가 도울 일이 있다면 언제든 다음 주소(marcus@denali3ddesign.com)로 바로 메일을 보내주기 바란다.

찾아보기

ㄱ

가이드라인 30, 57, 69, 77, 128, 148
개인용 프린터 28
건축 렌더링 123
경계 박스 147
경로 세그먼트 75
고리 140
고프로 렌치 88
곡면 모델 154
구글 어스 114
그룹 129
글리프 29
기본 템플릿 36, 42
꽃병 모델링 67

ㄴ ~ ㄷ

내부 벽 137
노즐 크기 66
다이얼로그 박스 38
단색 119
대칭 모델 반사 100
더미 그룹 76
더미 박스 96
돌출부 45도 법칙 62, 63, 77
디테일 추가 134
디테일 치수 66

ㄹ

래스터 이미지 61
레이어 129
렌더링 모델 125
렙랩 5
로컬 컬렉션 86
루비 45

ㅁ

마커스 리틀랜드 4
메뉴바 37
메이커봇 87
모델 내보내기 106
모델링 계획 128
모델링 단위 42
모델 테스트 106
문제 해결 153
미터 단위 42

ㅂ

바로가기 38
발열판 144
밧세바 그로스만 29
벡터 그래픽 61
벽 두께 66, 71, 80, 130
복사 83
붙여넣기 83
브래들리 루빈 5
빌드 영역 컴포넌트 설정 40
빠른 성형 58

ㅅ

삼각법 88
삼손 튜 6
상태 표시줄 38
색상 데이터 118
설계 영역 38
설계자 29
세그먼트 65, 72, 74, 77
소형 이동식 주택 125
스케치업 32
스케치업 강좌 157

스케치업 다운로드 35
스케치업 메이크 35
스케치업 설치 35
스케치업 인터페이스 37
스케치업 프로 35
스타일 설정 39
시제품 30
신제품 개발자 29

ㅇ
에이단 초프라 19, 33
와이어 두께 66
완제품 30
용해성 재료 26
위성 이미지 119
이터레이션 24, 58, 60, 110
인치 단위 42
임시 다리 140

ㅈ
재료 32
적층 두께 66
지붕 모델링 138
지지대 127
지지 재료 26
지코드 25
지형 데이터 113, 114
지형 모델 118

ㅊ
창살 136, 143
챔버 144
최소 권장값 136
추정 기능 132, 136
측정값 컨트롤 박스 38

ㅋ
커스터마이즈 64
컬러 프린트 118
컴포넌트 83, 84, 86

컴포넌트 로컬 컬렉션 85
크라우드소싱 160
크리스 톰슨 5
키보드 단축키 44

ㅌ
텍스처 119, 145, 146
템플릿 설정 38
툴바 37

ㅍ
파우더 방식 27
프로토타이핑 24
프로파일 75
프린트 서비스 27, 120
프린트 해상도 25
플러그인 45, 156
필라멘트 프린터 62

ㅎ
해상도 32, 72, 73, 74
호 69, 72
확장 기능 45, 155, 156
후처리 32
휴대폰 거치대 95

A
ABS 플라스틱 144
Add Terrain Skirt 116, 157
Architectural Design Style 43
Arc 툴 64, 69, 96
Artisan 157

B
Bezier Curve Tool 98
BezierSpline 77, 156
Bounding box 157

C
Circle 툴 48

Cleanup 89, 104
CleanUp³ 46, 156
Cleanup 확장 기능 155
COLLADA file 121
Component Options 40
Components창 85
Curviloft 157

D

Do you want to resize the model? 56
Dxf_In 61

E

Edge Tools² 61, 156
Entity Info 다이얼로그 59
Eraser 툴 92
Erase Stray Edges 89
Export STL... 49
Extensions Warehouse 46, 155
Extruded 99
Eyedropper 146

F

FFF 방식 27
FFF 프린터 54, 127
Flip Along 100
Follow Me 툴 68, 74, 77

G

Glif 29
Google Earth 114
Google Earth Snapshot 115
Google Earth Terrain 115
Google SketchUp 8 for Dummies 158
Grab 115
GrabCAD 88, 159
Green Scale about Opposite Point 100
Group's Green 100
Group's Red 78

H

Hidden Geometry 51, 115
Hide 130
Hive76 5

I

i.materialise 84, 120, 145, 148, 159
i.materialise 3D Print Service 157
Import DXF 156
Intersect Faces 103
Intersect with Model 102, 139

J ~ L

Joint Push Pull 118
Joint Push Pull Interactive 80, 117, 156
Kraftwurx 160
Layers 129
Line 툴 57, 69, 96, 107, 154

M

Make Faces 156
Make Group 48, 129
MakeXYZ 160
Merge Coplanar Faces 50
Meshlab 120, 158
Millimeters template 36
Monochrome 120, 121
Move 툴 91, 99, 130, 154

N

Netfabb 88
Netfabb Basic 158
Netfabb Cloud 158

O

Offset 툴 71, 80, 91
opacity 56
Orient faces 105
Outer Shell 툴 76, 97, 101, 109, 110

P

Paste in Place   103
Place 3D Text   99
Protractor 툴   57
Push/Pull 툴   48, 59, 92, 93, 107, 131, 134

R

Rectangle 툴   48, 93
RepRap   5
Reverse Faces   40, 120, 146, 155
Rotate 툴   99
Roundcorner   64, 156

S

Sample 툴   146
Scale 툴   62, 69, 80, 108, 131
Sculpteo   120, 160
Section Plane 툴   126, 146, 154
Select Region   115
Select 툴   90
Shapeways   84, 149, 159
SketchUcation   47
SketchUcation Plugin Store   155
SketchUp 3D Warehouse   159
SketchUp for Dummies   19, 33
SketchUp School   158
SketchUp ST   156
Smustard   47, 156
Soften Edges   115
Soften Edges 다이얼로그   154
Solid   97
Solid Inspector   46, 156
Solid Inspector 확장 기능   154
Solidoodle   127
Solidoodle2   41
Stereolithography   46
STL 파일 불러오기   50
Strong & Flexible Plastics   67
Subtract 툴   103, 139

T

Tape Measure 툴   62, 69, 91, 97, 109
The Solid Inspector   60
Thingiverse   87, 159
TT_Lib2   46

U ~ Z

Undo 커맨드   154
Unglue   99
Unhide   130
With Model   103
www.shapeways.com   67
Z-fighting 현상   131
Zoom Extents   57

기타

.DAE   119
.DEM   118
.DXF   61
.SKP   145
.STL   25, 46, 84
.WRL   119
2D 스케치   53
3DHubs   160
3D Warehouse   87
3D 모델 공유 사이트   86
3D 모델링 프로그램   32
3D 프린터   23
3D 프린터 빌드 공간   38
3D 프린팅 설계   24

에이콘출판의 기틀을 마련하신 故 정완재 선생님 (1935-2004)

acorn+PACKT Technical Book 시리즈

- Unity 3D Game Development by Example 한국어판
- BackTrack 4 한국어판
- Android User Interface Development 한국어판
- Nginx HTTP Server 한국어판
- BackTrack 5 Wireless Penetration Testing 한국어판
- Flash Game Development by Example 한국어판
- Node Web Development 한국어판
- XNA 4.0 Game Development by Example 한국어판
- Away3D 3.6 Essentials 한국어판
- Unity 3 Game Development Hotshot 한국어판
- HTML5 Multimedia Development Cookbook 한국어판
- jQuery UI 1.8 한국어판
- jQuery Mobile First Look 한국어판
- Play Framework Cookbook 한국어판
- PhoneGap 한국어판
- Cocos2d for iPhone 한국어판
- OGRE 3D 한국어판
- Android Application Testing Guide 한국어판
- OpenCV 2 Computer Vision Application Programming Cookbook 한국어판
- Unity 3.x Game Development Essentials 한국어판
- Ext JS 4 First Look 한국어판
- iPhone JavaScript Cookbook 한국어판
- Facebook Graph API Development with Flash 한국어판
- CryENGINE 3 Cookbook 한국어판
- 워드프레스 사이트 제작과 플러그인 활용
- 반응형 웹 디자인
- 타이타늄 모바일 앱 프로그래밍
- 안드로이드 NDK 프로그래밍
- 코코스2d 게임 프로그래밍
- WebGL 3D 프로그래밍
- MongoDB NoSQL로 구축하는 PHP 웹 애플리케이션
- 언리얼 게임 엔진 UDK3
- 코로나 SDK 모바일 게임 프로그래밍
- HBase 클러스터 구축과 관리
- 언리얼스크립트 게임 프로그래밍
- 카산드라 따라잡기
- 엔진엑스로 운용하는 효율적인 웹사이트
- 컨스트럭트 게임 툴로 따라하는 게임 개발 입문
- 하둡 맵리듀스 프로그래밍
- RStudio 따라잡기
- 웹 디자이너를 위한 손쉬운 제이쿼리
- 센차터치 프로그래밍
- 노드 프로그래밍
- 게임샐러드로 코드 한 줄 없이 게임 만들기
- 안드로이드 데이터베이스 프로그래밍
- 아이폰 위치 기반 애플리케이션 개발
- 마이바티스를 사용한 자바 퍼시스턴스 개발
- Moodle 2.0 이러닝 강좌 개발
- 티샤크를 활용한 네트워크 트래픽 분석
- Ext JS 반응형 웹 애플리케이션 개발
- 아파치 톰캣 7 따라잡기
- 제이쿼리 툴즈 UI 라이브러리
- 코코스2d-x 모바일 2D 게임 개발
- 노드로 하는 웹 앱 테스트 자동화
- 하둡과 빅데이터 분석 실무
- 아이폰 애플리케이션 성능 튜닝
- JBoss 인피니스팬 따라잡기
- 이클립스 4 플러그인 개발
- JBoss AS 7 따라잡기
- 자바 7의 새로운 기능
- 코드이그나이터 MVC 프로그래밍
- 마리아DB 따라잡기
- 오파 웹 애플리케이션 개발

익스프레스 프레임워크로 하는 노드 웹 앱 프로그래밍
JBoss AS 7 애플리케이션 개발
Android Studio Application Development 한국어판
이클립스 Juno 따라잡기
Selenium 웹드라이버 테스트 자동화
R과 Shiny 패키지를 활용한 웹 애플리케이션 개발
자바스크립트로 하는 유니티 게임 프로그래밍
Jersey 2.0으로 개발하는 RESTful 웹 서비스
Python Design Patterns
Kali Linux 실전 활용
Building Machine Learning Systems with Python 한국어판
JavaScript Testing
유니티 NGUI 게임 개발
Sublime Text 따라잡기
Hudson 3 설치와 운용
Git을 이용한 버전 관리
유니티 Shader Effect 제작
아파치 Solr 4 구축과 관리
Emgu CV와 테서렉트 OCR로 하는 컴퓨터 비전 프로그래밍
언리얼 UDK 게임 개발
Cuckoo 샌드박스를 활용한 악성코드 분석
Laravel 웹 애플리케이션 개발
아파치 Kafka 따라잡기
C#으로 하는 유니티 게임 개발
Storm 실시간 빅데이터 분석 플랫폼
FTK를 이용한 컴퓨터 포렌식
AngularJS로 하는 웹 애플리케이션 개발
하둡 맵리듀스 최적화와 튜닝
BackBox를 활용한 침투 테스트와 모의 해킹
D3.js를 이용한 데이터 시각화
배시 셸로 완성하는 모의 해킹 기술
HTML5 데이터 처리와 구현

안드로이드 음성 인식 애플리케이션 개발
Unity로 하는 2D 게임 개발
언리얼 UDK 게임 디자인
모의 해킹을 위한 메타스플로잇
오픈플로우를 활용한 SDN 입문
Pig를 이용한 빅데이터 처리 패턴
R을 활용한 기계 학습
네트워크 검색과 보안 진단을 위한 Nmap 6
아파치 Mahout 프로그래밍
시스템 관리자를 위한 Puppet 3
게임 데이터 분석
유니티 4 게임 프로그래밍
Splunk 구현 기술
실전 예제로 배우는 반응형 웹 디자인
3D 프린팅을 위한 구글 스케치업

3D 프린팅을 위한 구글 스케치업
SketchUp으로 모델링하고 3D 프린터로 출력하기

초판 인쇄 | 2014년 11월 13일
1쇄 발행 | 2016년 3월 4일

지은이 | 마커스 리틀랜드
옮긴이 | 감 영 하

펴낸이 | 권 성 준
엮은이 | 황 영 주
　　　　문 은 주
　　　　오 원 영
표지 디자인 | 한국어판_이승미
본문 디자인 | 남 은 순

인　쇄 | (주)갑우문화사
용　지 | 신승지류유통(주)

에이콘출판주식회사
서울특별시 양천구 국회대로 287 (목동 802-7) 2층 (07967)
전화 02-2653-7600, 팩스 02-2653-0433
www.acornpub.co.kr / editor@acornpub.co.kr

Copyright ⓒ 에이콘출판주식회사, 2014, Printed in Korea.
ISBN 978-89-6077-631-9
ISBN 978-89-6077-210-6 (세트)
http://www.acornpub.co.kr/book/3d-printing-sketchup

이 도서의 국립중앙도서관 출판시도서목록(CIP)은 서지정보유통지원시스템 홈페이지(http://seoji.nl.go.kr)와
국가자료공동목록시스템(http://www.nl.go.kr/kolisnet)에서 이용하실 수 있습니다.(CIP제어번호: CIP2014032008)

책값은 뒤표지에 있습니다.